Ludwig Eisentraut

Grammatik zu Guiot von Provins

Ludwig Eisentraut

Grammatik zu Guiot von Provins

ISBN/EAN: 9783744640039

Hergestellt in Europa, USA, Kanada, Australien, Japan

Cover: Foto ©ninafisch / pixelio.de

Weitere Bücher finden Sie auf **www.hansebooks.com**

Grammatik

zu

Guiot von Provins.

Inaugural-Dissertation

eingereicht

bei der hochlöblichen philosophischen Facultät zu Göttingen

zur

Erlangung der Doctorwürde

von

Ludwig Eisentraut.

Cassel.

Druck von Döll und Schäffer (L. Döll).

1872.

Vorbemerkung.

Die dichterische Wirksamkeit **Guiot's von Provins**, dessen Sprache auf den folgenden Seiten einer näheren Betrachtung unterzogen werden soll, fällt in die Zeit, welche gemeiniglich als die Blütheperiode der altfranzösischen Literatur bezeichnet wird. In der That weisen, zumal auf dem Gebiete der altfranzösischen Poesie, die letzten Decennien des 12. und die Anfänge des 13. Jahrhunderts eine Reihe der glänzendsten Namen auf, durch welche das dichterische Nationalleben des französischen Mittelalters zum treusten und reinsten Ausdruck gelangt. Durch **Chrestien de Troyes** ist das höfische Kunstepos zur höchsten Vollendung erhoben und dadurch zu einem Vorbilde für die benachbarten Culturvölker geworden; die afz. Minnedichtung, an dem provencalischen Vorbilde gereift, treibt gerade jetzt ihre duftigsten Blüthen; auch die bürgerliche und lehrhafte Poesie, so recht aus dem französischen Nationalgeiste geboren, findet sich in dieser Periode durch Denkmäler vertreten, welche zu den besten des Mittelalters gehören.

Die Bedeutung **Guiot's von Provins** suchen wir auf einem bis dahin wenig cultivirten Gebiete altfranzösischer Dichtung. In ihm begrüssen wir den Vertreter jener didaktisch-satirischen Richtung, welche es sich zur Aufgabe gemacht hat, die Missbräuche der Zeit unverhohlen und mit ernster Satire zu geisseln, zugleich aber auch der verderbten Welt einen Spiegel vorzuhalten, in welchem sie sich spiegeln und dadurch zur Selbsterkenntniss und Besserung gelangen soll.

1*

So ist denn das Hauptwerk Guiot's, seine Bible, vor Allem ein leidenschaftlicher Ausdruck jener tiefen religiösen Bewegung, von welcher wir im Beginn des 13. Jahrhunderts alle edleren Geister der Zeit ergriffen sehen. Es richtet sich diese Bewegung vor Allem gegen die Verderbniss der Kirche, deren Haupt und Glieder einer Reformation dringend bedürftig sind. Die Gebrechen des Clerus, die sittliche Verderbniss in den Klöstern, die Habsucht und die Schändlichkeiten der päpstlichen Legaten und wohl gar der Päpste selbst sind es, welche dem satirischen Geiste Guiot's den Hauptangriffspunkt darbieten. Aber er trägt die Waffen seiner Polemik noch weiter, bis in das Feldlager des hohen Adels und der Gelehrten hinein, mögen letztere nun auf dem Gebiete der Theologie, Jurisprudenz oder Medizin anzutreffen sein, um auch hier die jedem Stande anhaftenden Mängel mit schonungsloser Hand aufzudecken.

Ueberall bekundet das Werk einen Verfasser von durchdringendem Geiste, von vollendeter Menschenkenntniss und voll beissender Satire, die sich nicht fürchtet, es mit einer Welt von Widersachern aufzunehmen. Bewundernswerth ist vor Allem die freimüthige Art und Weise, mit welcher er — der einfache Mönch — von dem Oberhaupte der christlichen Kirche und dessen nächster Umgebung spricht.

Ueber die Lebensumstände Guiot's sind uns nur wenige Aufschlüsse gegeben, die wir aus seinen Werken selbst schöpfen. Aus der Untersuchung von *Wolfart* und *San Marte* über Guiot's Leben ergiebt sich, dass er einer jener höher gebildeten und mit reichem dichterischen Talente begabten Clercs bürgerlicher Herkunft war, die selbst nicht reich genug, um auf eigene Hand leben zu können, sich in den Schutz weltlicher Herren begaben, welche um der Kunst und ihres eigenen Glanzes willen, es sich angelegen sein liessen, aufkeimende Talente zu fördern und zu pflegen und ihnen freie gastliche Aufnahme an ihren Höfen zuzusichern. So scheint auch Guiot vielfach, namentlich in seinen jüngeren Jahren, sich der Gunst weltlicher Grossen erfreut zu haben und als ein bedeutendes Talent von jenen gefeiert worden zu sein. Später, als er des weltlichen Sänger- und Wanderlebens überdrüssig wurde, ist er, da er mittellos war, nach der Sitte der damaligen Zeit in den Mönchsstand und zwar in den Cluniacenserorden getreten, wo er vollauf Gelegenheit gehabt hat, die Schäden des damaligen Klosterlebens in ihrer ganzen Nacktheit zu beobachten. In diese Periode seines klösterlichen Lebens fällt die Abfassung der Bible, welche in die Zeit zwischen 1203 und 1208 zu setzen ist. Aus letzterem Werke erfahren wir noch als wichtige Bestimmungen für die Lebenszeit des Dichters, dass er schon vor dem Jahre 1173 eine Fahrt in's gelobte Land machte, 1184 bei dem grossen Hoftage Friedrichs I. zu Mainz zugegen war und schliesslich im Anfange der 90er Jahre in den Orden von Cluny eingetreten ist.

Ausser der Bible sind uns unter dem Namen Guiot's noch eine Anzahl von Liedern überliefert, welche unstreitig zu den zartesten Blüthen altfranzösischer Lyrik zählen. Es ist kein Zweifel, dass letztere dem jugendlichen Alter des Dichters angehören, sowie die Bible schon den welterfahrenen Mann gereifteren Alters verräth. Kaum erkennen wir in dem gewappneten Satiriker, welcher die verotteten Zustände seiner Zeit so rücksichtslos enthüllt, den galanten Liebesdichter wieder, welcher in dem Dienste der Frau Minne so holde Klänge von Maienwonne und Liebeslust ertönen lässt.

Was die Sprache der Bible Guiot betrifft, so reiht sie sich dem Besten an, was uns aus jener Zeit an sprachlichen Documenten entgegentritt. Sein Styl ist sauber und correct, wie der des besten höfischen Dichters, die Satzgliederung knapp und gewandt, der Ausdruck kräftig und scharf, nicht immer ohne Derbheiten. Namentlich gewinnt die Sprache Guiot's grosse Lebendigkeit durch die Fülle sprüchwörtlicher Redensarten, Citate und Vergleiche, die fast immer auf das Trefflichste gewählt sind.

Die Sprache der lyrischen Gedichte ist einfach und innig, voller Wärme und Empfindung. Sie bewegt sich nicht, wie die meisten gleichartigen Producte jener Zeit, in einer rein abstracten anschauungslosen Gedankenspielerei, sondern sie spiegelt die wahre und eigene Gemüthsstimmung des Dichters wieder, dem die Poesie zu einem Herzensbedürfniss geworden ist.

Die Bible Guiot's von Provins ist uns in 2 Handschriften überliefert worden, welche beide der nationalen Bibliothek zu Paris angehören, im Ms. de Notre Dame 242 und La Vallière 166 (2707). Nach diesen beiden Mss. wurde die Bible zum ersten Male vollständig abgedruckt und herausgegeben in den »Fabliaux et Contes des poetes français etc. publ. par *Barbazan*. Nouvelle ed augmentée et revue par *Meon*, 4 vol. Paris 1808.« Eine zweite und letzte Ausgabe erschien 1861 von *Wolfart* und *San Marte* veranstaltet, unter dem Titel: »Des Guiot von Provins, bis jetzt bekannte Dichtungen, altfranzösisch und in deutscher metrischer Uebersetzung mit Einleitung, Anmerkungen und vollständigem erklärenden Wörterbuch, herausgegeben von *Wolfart* und *San Marte*, Halle 1861«. Letztere Ausgabe giebt einen wortgetreuen Abdruck des Meon'schen Textes nebst dessen Varianten, die sämmtlich dem Ms. La Vallière (B) angehören. Letztere mitsammt den Verbesserungen der Lesart, sowie sie den Editt. gut schienen, sind unter dem Text beigefügt worden. Aus einer Vergleichung obiger Ausgabe mit den beiden Mss durch *Manefeld*, dessen Ergebniss zu einem kleinen Bruchtheil (v. 2404—2691) in *Bartsch's* afz. Chrestom. Col. 205 abgedruckt ist, ergiebt sich, dass der Handschrift Notre Dame (A) vor B unbedingt der Vorzug zu geben ist. Letztere ist wenig correct, orthographisch vernachlässigt, oft lückenhaft und befindet sich nicht selten mit den Regeln der Metrik im Widerspruch.

A bietet dagegen eine treuere und correctere Copie des Originals, obwohl auch hier vielfaches Schwanken in der Orthographie zu constatiren ist. Indessen hilft auch B zuweilen mit einer besseren Lesart aus (so v. 1110, 1291 bis 1293, 1551, 2016, 2532, 2555). Die Lieder der »Guios de prouins«, deren 5 auf uns gekommen zu sein scheinen, sind zum ersten Male und vollständig abgedruckt in »*Wackernagel's* Ausgabe von 52 Liedern und Leichen, Basel 1846«, die einer altfranzösischen Handschrift des 13. Jahrhunderts, Eigenthum der Berner Stadtbibliothek, entnommen sind. Dieses Berner Ms. Nr. 389 (A) wurde im Jahre 1770 nach Paris an Ste. Palaye verliehen, bei welcher Gelegenheit von dem Gelehrten *Mouchet* eine Copie desselben genommen wurde, welche später in den Besitz der französischen Regierung überging (jetzt Nr. 20050 nationale Bibliothek). Letztere Copie, welche 467 Lieder enthält, ist jüngst in *Herrig's* Arch. vol. 42, pag 206 von *Dr. Brackelmann* zum ersten Male zum Abdruck gebracht, worunter auch das unter Nr. xiij bei *Wackernagel* sich befindliche noch einmal wiederholt ist. Bei der sonst sehr genauen und treuen Uebereinstimmung beider Mss. ist es zu verwundern, dass das obengenannte Lied in beiden eine an Inhalt und Form verschiedene Gestalt zeigt. Nach A und 20050, wo es· 7 Strophen hat, ist es bei *Bartsch* afz. Chrestom. col. 203 abgedruckt, noch einmal mit anderer Versordnung in der Hist. litt. 23611. Nach 20050 ist in der 1. Strophe lonc in lon, in der 3. ce ne suis in si ne puis, in der 5. deleros in dolerous zu ändern ferner für qant l. 31 c'ainz, für de ma dolor l. 35 de mes dolors, für celle l. 40 s'elle zu lesen. Die 4. Strophe, die im Berner Codex nicht ganz zu dem Maasse der übrigen passt, steht in 20050 an der 3. Stelle und ist um einen Vers kürzer.

Der bei *Wackernagel* unter Nr. xiij—xviij abgedruckten, dem »Guiot de prouins« zugeschriebenen Lieder sind sechs, von denen jedoch das mit Les oxeles de mon pais beginnende (Nr. xv.) dem Dichter von *Wackernagel* (p. 104) abgesprochen und nach mehrfacher und guter Autorität dem »Gaises« aus der Champagne zugeschrieben wird. Dieses selbe Gedicht befindet sich auch anonym in 20050, sowie im Ms. La Vallière, woselbst es nur 2 Strophen hat (s. H. A. 42 p. 382). Die Mss. der 2. und 3. Gruppe (s. *Dr. Brackelmann's* Bericht über 52 afz. Chansonniers, H. A. 42, p. 53 sqq.) schreiben das Lied ebenfalls dem »Gasses Brullez« zu, demselben, der in der Berner Handschrift als »Messires gaises« bezeichnet ist. Es ist trotzdem kein Anstand genommen worden, das Liedchen, dessen Sprache, Ton und Auffassungsweise sich den übrigen nicht übel anschliesst, mit in den Bereich dieser sprachlichen Betrachtung zu ziehen, da es uns oftmals die willkommensten Belege für einzelne grammatische Formen bot.

Noch ist zu bemerken, dass das bei *Wackernagel* unter Nr. xiv. abgedruckte Lied, »mit ma bone amor ki en joie me tient« beginnend, vom Schreiber weiter unten noch einmal mit dem Anfange »tres bone amor« copirt ist. Die Abweichungen beider Varianten, die sich übrigens auch in 20050 treu copirt finden, sind von *Wackernagel* p. 105 verzeichnet worden. Was sich sonst an Abweichungen in A und B findet, scheint nach *Brackelmann* unerheblich zu sein.

Nach dem Abdruck in *Wackernagels* Ausgabe sind die lyrischen Gedichte Guiot's noch einmal in der von *Wolfart* und *San Marte* veranstalteten Ausgabe der Werke Guiot's von einer deutschen Uebersetzung begleitet, wiedergegeben. Die von *Wackernagel* vorgeschlagenen Textesverbesserungen sind nebst eigenen Conjecturen unter dem Text beigefügt, die Orthographie, welche sich dort getreulichst an das Original anschliesst, dahin modernisirt, dass für das lange s der Berner Handschrift ein kurzes, und Punkt, Komma, Apostroph (letzteres nur theilweise) gesetzt worden, wo sie als syntaktische Zeichen hingehörten. Den Apostroph vermissen wir z. B. in mocist für m'ocist, damors für d'amors, londemain für l'ondemain. Was letzteres Wort betrifft, so hatte die alte Sprache hier das Gefühl für Trennung von Artikel und Substantiv sich noch bewahrt, welche Unterscheidung das moderne Sprachbewusstsein nicht mehr kennt.

A. Spracheigenthümlichkeit des Dichters.

Die Sprache Guiot's von Provins ist die von Isle de France, der Heimath des Dichters (s. die Einleitung zur Ausgabe von *Wolfart* und *San Marte*). Dieser literarische Dialekt, die eigentliche französische Mundart, welche mit dem Ende des 12. Jahrhunderts, also zur Zeit Guiot's entschieden ein Uebergewicht vor den übrigen Dialekten durch den Einfluss des Hofes und der Universität erlangt, hat noch nicht wie das Neufranzösische, welches aus jenem hervorgegangen, das Gepräge eines lautlich fixirten Sprachgebrauchs, es ist vielmehr noch der neutrale Boden, auf dem sich die verschiedensten Elemente aus den Nachbardialekten oft regellos herumtummeln. Namentlich hat an der lautlichen Gestaltung unseres Dialekts das Burgundische einen grossen Antheil, durch welchen sich der Unterschied des Französischen vom Neufranzösischen im Wesentlichen bestimmen lässt. Die Bible weist solcher burgundischer Spracheigenthümlichkeiten eine Menge auf. Wir finden für das nfrz. **eu**, lateinischem $\bar{o}$ vor einfacher Consonanz entsprechend, meist ein blosses **o**, welches dem Burgundischen angehört. So bei den lateinischen Substantiven auf orem, wie amor, pastor, ancessor, detor, poor, labor, prior, signor etc., wo wir neufranzösisch ein **eu** haben. Die Eigenthümlichkeit des Burgundischen, die lateinische Endung **osus** durch **ous** wiederzugeben, finden wir fast durchgängig in der Bible; so in jocious, rachous, merveillous, angoissous, costous; ein einziges Mal **os** in jenglos 2441. Auf burgundischen Ursprung müssen wir auch die Formen zurückführen, welche für das lateinische a, besonders in der Endung aticum, atum, atcm ein ai aufweisen. wo wir ein einfaches a erwarten. So in engaigie 1610, estaiche 629, saiche 1594, torneiz 102, saige 192 (sage findet sich nur einmal), coraige 1327, sauvaige 1533; das i in aige diente wohl nur dazu, um das palatale g zu modificiren, denn es reimt domage: otraige 200. Dasselbe gilt auch von dem i in Borgoingne, Bretaingne u. a.), ait 519, 2120, vaiche 1372 u. a.

Auf picardischen Einfluss zurückzuführen ist das häufige Erscheinen von ou neben burgundischem o in solchen Formen, denen ou auch im Nfrz. geblieben ist. Man findet glout im Reime mit tout, während englot 536 mit tot reimt: dout reimt mit tot 1035, während wir englotent 837 im Reime mit dotent finden; tout und tot treffen wir gleich oft in der Bible an, ebenso nous und nos, vous und vos und andre. Welcher von diesen beiden Lauten der ursprünglichere gewesen und ob der vom Picardischen herübergekommene auf Rechnung des Abschreibers zu setzen sei, darüber geben uns die Reimverhältnisse keinen Aufschluss. Eine Vergleichung mit anderen im französischen Dialekt geschriebenen Denkmälern jener Zeit indess berechtigt uns, die Priorität von o anzunehmen. Im 13. Jahrhundert erst wird jener Laut durch das picardische ou mehr und mehr verdrängt. Dem Burgundischen und Picardischen gleicherweise angehörend ist die Diphthongisirung des e (aus lateinischem a) zu ie, welches wir bei Guiot überall da finden, wo dem ursprünglichen a ein ç, ch, ein palatales g, moull. l und n vorhergeht, oder wenn die letzte Stammsilbe ein i oder einen i enthaltenden Diphthongen enthält, schliesslich auch nach d, ss u. t. Im Nfrz. tritt in allen diesen Fällen das blosse e wieder ein.

Hier und da, obwohl noch selten, findet sich schon eu für lateinisches $\bar{o}$, welches im Nfrz. zur allgemeinen

Geltung gelangt*). So in glorieuse 348, fieus 2572, malicieus 744 im Reime mit lieux (welches niemals anders gelautet hat), melancolieus 2572, palazineus 2573, corpeus ibid., neu 2387 im Reime mit preu, seus 1346 neben sous 1343.

Dafür dass die Bible Guiot ursprünglich in dem Dialekt der Isle de France, sowie wir ihn aus der nicht geringen Anzahl von Denkmälern jener Zeit bestimmen können, verfasst wurde, scheinen mir einige Reime zu sprechen, durch welche solche Formen gesichert sind, die wir als dem frz. Dialekt ursprünglich angehörend betrachten können. Wir finden nemlich einigemale (v. 383, 907, 1052) preu im Reime mit leu. Leu gehört zu den 3 Wörtern (leu, jeu, feu), in welchem gegen die Regel lateinisches ō durch eu statt durch oe wiedergegeben wird. Burgundisch z. B. wäre jener Reim nicht möglich, da preu in jenem Dialekt als prou, pro erscheinen müsste, während auch im Burgundischen leu nur in dieser Gestalt auftritt**). Hiervon ausgehend muss man auch v. 164 die Reimwörter prou: fou als eine ungeschickte Verbesserung des Copisten halten und dafür besser preu: feu setzen, was sich ohne den Lautgesetzen Gewalt anzuthun, bewerkstelligen lässt. Uebrigens finden wir bei Guiot sonst nur feu, jeu, nicht fou, jou. Einer etwaigen Vermuthung, unserm Gedicht könne ursprünglich normannische Mundart zu Grunde liegen, widerspricht v. 2672, wo fer (ferrum) mit ver (vermis) reimt. Streng normannisch wäre der Reim unmöglich, da hier die Liquida m und n hinter einem auslautenden r nicht abgeworfen wird (verm statt ver). Chans. II. 4 reimt joie mit soie, was normannisch nur seic heissen könnte.

---

*) Nach *Diez* nicht auf picardischen Ursprung zurückzuführen, sondern dem Dialekt der Isle de France angehörend.
**) Cfr. die Sermons de St. B., *Bartsch* Col. 105, 4, Gerard de Viane ed. *Bekker* v. 1467, 2485., *Fallot* Rech. p. 457.

Die Lieder unseres Dichters, wie alle von *Wackernagel* aus dem Berner Codex veröffentlichten liegen uns im reinsten Burgundisch vor, mit welcher Specialität ein burgundischlothringischer Abschreiber die ursprüngliche Gestalt derselben überzogen hat. Was jenen Dialect von dem der Isle de France unterscheidet, ist im Wesentlichen Folgendes: a) lateinisches offenes a wird zu ei, wo das französische einfach e hat: ploreir I. 41, celleir I. 28, perleir IV. 20, loiaulteit I. 41, sauteit V. 7, greueis V. 31; b) lateinisches betontes a in namentlich romanischer Position wird burgundisch ai, wo das französische a hat: regairt IV. 13, ait III. 6, jai II. 15, airme V. 22, sai V. 19. Betontes a vor l und n erhält sich auch im Burgundischen chant II. 3. Dagegen chaingier IV. 23; c) t am Schlusse erhält sich in eit (atem, atum): demoreit V. 1, endureit V. 3 etc.

Ueber das Gemeinsame beider DD. s. oben.

B. Orthographie.

Was die Orthographie der uns vorliegenden Denkmäler betrifft, so ist zu beachten, das ein streng durchgeführtes Princip der Schreibung bei den einzelnen Wörtern noch fehlt. Wir stossen auf vielfache Schwankungen, die sich meistens aus dem Bestreben, phonetisch zu schreiben erklären lassen. Man will noch nicht wie in dem 14. und 15. Jahrhundert etymologisch verfahren, das heisst in die Wörter Elemente einführen, die gar keinen lautlichen Bestandtheil bilden, vielmehr jene ihrem lateinischen Ursprunge für das Auge nur ähnlicher machen sollen. Bei unserem Dichter findet sich diese Neigung noch nicht. Man ist hier noch bestrebt, Laute, welche für das Ohr den gleichen Werth haben, beliebig für einander zu substituiren. Oefter freilich tritt die phonetische Bedeutung hinter der rein graphischen zurück. Wir finden in manchen Wörtern unorganische Einschiebsel, welche einerseits euphonischen Zwecken dienen, andrerseits dazu verwandt werden, etwa einer vorhergehenden Silbe eine schärfere Betonung zu verschaffen. Vertauschung von Liquidis, Unterdrückung von Consonanten, wo man sie schon nicht mehr zu sprechen beginnt, begegnet uns häufig. Das Bestreben nach Assimilation und Dissimilation bewirkt, dass oft ein Wort in der verschiedensten Gestalt erscheint. Sehr grosse Schwankungen in der Schreibung eines Wortes treten uns namentlich in den unbetonten Vocalen desselben entgegen, welche durch Verdumpfung und Ausweichung ihren ursprünglichen Lautgehalt verlieren.

Gehen wir die einzelnen orthographischen Erscheinungen durch, so ergiebt sich Folgendes:

A. **Vocale und Diphthonge.** Betontes **ai, ei, e,** sind lautlich gleichbedeutend. Wir finden contraiz und contrez, deffaiz im Reime mit meffez, faire und fere (: desplere), lez und leiz, maistre und mestre, certein neben certene, plain und plein, meint und maint etc.; **oi** und **ai** wechseln in amoine: premerainne, moins und mains, poine und paine (s. die Metrik). — In nicht betonten Silben wechselt **e** mit **ai** und **ei**: meson neben maison, reson neben reison; **a** und **e** wechseln vor nasalem m und n: amendent - amendant, mengier - mangier, tens - tans. — Unbetonte Vokale verlieren durch Verdumpfung und Ausweichung ihren lautlichen Werth: ligier - legier, dolerous - dolorous, fenir - finir, monoir - mener, giter - geter, ennorer - annorer, enor - anor, relegion - religion, l'ondemain - l'endemain, Champenois - Champanois, citeien - citoien, Crespine - Crispine, hardi - herdi, Salemon - Salomon, Soignor - Seignor, consillier - conseiller, deabie - diable. Der Vokal i vor palatalem g und moull. l wird öfters unterdrückt in domage 200, boschage 266, ombrage 266, in vuel 256 neben vueil, vielle 2263 für vieille, uel I. 7 für ueil (oeil), duel 2118 für dueil, vuellent 2462 neben vueillent. Als blosses Dehnungszeichen dient **a** in taaster 971 für taster 1708, in gaaingnié 1264 für gaingnié.

eo und **ue** werden promiscue für einander gebraucht:

uevre neben oevre, huef neben oef; bon, boin neben buen, boen, cuens neben coens, oel neben uel. Für **ue** und **oe** auch **oeu**: oeuvre 1732.

B. **Consonanten.** 1. Substituirung verschiedener Zeichen von gleichem lautlichen Werth für einander. **s = ç**: Morise - Morice, ses - ces, sil-cil, justise - justice, servise - service, fausement - faucement, desoivent - decoivent. **c (ss) = sc**: blecent - blescent, gentilloce - gentillesce. **s = ss**: emplisent - emplissent. Für weiches **s** tritt **z** ein: prixou - prison, raixon - raison, plaixant - plesant, medixant - medisant, traixon - traison, malvaixe - malvaise, saixi - saisi. **qu, q, k, c** wechseln mit einander: qar - car, qant - quant - kant, kc - que - qe - ce, ki - qui. **qu = ch** in Marchis 369 neben Marquis 332. Palatales **g = j**: ge - gie - je, jeu - gieu, mengier - menjuer. Nasales **m** und **n** vertauscht: non - nom, hon - hom, Adan - Adam, cuens - cuems, empirier - enpirier. Gutturales **g**, vor hellen Vokalen durch **gu** dargestellt, hat das u nicht in longement 1101 neben longuement.

2. Consonantenverdoppelung, meist nach einem Diphthong oder langen Vocal, zum Zeichen, dass eine Silbe als eine offene zu betrachten ist: gouvernierres - gouvernieres, jugierres, im Reim mit conseillieres, certeinne - certeine, vilaine - vileinne (: graine); Rome — Romme (: prodomme); bruller (aus brusler durch Assimilation); guiller — guiler (nicht moull. l). Nach kurzem Vocal in deffaire, deffendre, donner, meffet, ennor, desirrance, desirrier, chausonnete, celleir — celer.

3. Unorganische Elemente. **c** unorganisch in plonc 309 statt plomb. Unorganisches **g** in tresmontaigne 125 im Reime mit certaine. Das **g** ist wahrscheinlich nur Dehnungszeichen anstatt der Consonantenverdoppelung Cfr. *Wackernagel*, p. 112, wo unter der Zahl der anonymen Lieder eins mit »trismontainne ke tout ais« anfangend aufgeführt wird. (Glossar von *Wolfart* und *San Marte*.) Ebenso verhält es sich mit covigne statt covine 1578, devignaille 593 für devinaille. **g** unorganisch ferner in

tesmoing 1435, coing 129, tieng 628. Unorganisch moullirtes
gn in Looregne (: regne). Oefters finden mir ein ngn, wo
es lautlich berechtigt ist, in nn aufgelöst: tiennent neben
tienguent, viennent neben viengnent. — h finden wir oft
unorganisch da, wo der vokalische Laut des u gesichert
werden soll. So in hues (oeufs) 1886, huit 292, huevre
1016, Huedes 471, hovrer 188. Auch vor i in hi (y) 1996.
— l finden wir oft hinter einem zu u aufgelösten l. Hier
zeigt sich schon das Bestreben, etymologisch zu schreiben.
So in oultrer 2224, ceuls 32, 1067; cruaulta 749; biaulteit I. 23; doulcement VI. 27, moult IV. 40. l durch
Assimilation in soltil 881. — p unorganisch in dampue
2266. — Unberechtigtes s in chapistres 788. 2432 (wo B
chápitres zeigt). Hier diente s wohl als Dehnungszeichen,
ohne hörbar zu sein. Es findet sich einmal chapitres im
Reim mit legitres, wo ein s berechtigt wäre. Ueber die
Unterdrückung des s siehe unten. s ferner unorganisch in
respondre 835 (reponere); in ocist 661 neben ocit 989;
nist IV. 5 neben ait 685; doinst V. 17 neben doint 1785.
t erscheint oft als blosses graphisches Zeichen: in Alemant
177, Tristant (: maut) I. 41; tirant 1292 (Var.), in dont
für donc 2593. Häufig ist es zur Erleichterung der Aussprache eingeschoben, doch hierin nicht vom Nfz. abweichend.

4. Die Fälle von Consonanten-Unterdrückung
sind nicht minder zahlreich. Wir finden b unterdrückt in
oscur 149 neben obscur 646; soutil 87 neben subtilite 85.
Etymologisch berechtigtes h in ore 2240 neben hore VI. 33,
ospital 1815 neben hospital 1821; ypocrite 1891 für
hypocrite, Orace 82 für Horace, estoire 71 für histoire,
hons 2533 neben omme 1873. — l unterdrückt, wo wir
wenigstens eine Auflösung zu u erwarten, in vodroit 159,
vorroit 2132, vosist III. 30, vossissent 90, quiez 350 (qualis).
Als moull. Laut in vie für viel 2126. — n: in Costentin
2135, mostrer 729 neben monstrer 678, moustrer 1771,
in covine 1336 neben convine. — s findet sich häufig

unterdrückt in Citeax 1566, in deloier IV. 27 für desloier, in fut für fust III. 41, in ete für este 190, in declorre 797, 810 für desclorre, in blameir für blasmeir II. 26, in notre für nostre 657, in deloial für desloial 1038, entremeller 1003 für entremesler, oter 1436 für oster, Epeingne 1524 für Espeigne, in Legitres 2404 für Legistres. Vor t mit flexivischem s finden wir es zweimal unterdrückt: in Jhesucriz 1379 und forez 1249. — t in par für part in der Redensart de par deu 1409, ferner in don für dont 2257.

5. Umstellung von re und ro zu er und ar in berbis 1231 für brebis, parfont für profont 2336.

6. Vertauschung der Liquidae l und r in corper - corpe 716, 1069 für colper - colpe.

7. Das Streben nach Dissimilation erklärt uns Formen wie pandre, penre 887 für prendre, apendre 2426 für aprendre, Ferri 278 für Frederic; nach Assimilation: tresor 2225 aus thesaurum, refretour 1681 aus refectorium, soltil 881 aus subtilem.

8. Neben dem Substantiv eve 2508 zeigt sich die Form aigue 1123. Beide Gestaltungen erklären sich aus folgendem lautlichen Vorgange. Aus lat. aqua, worin sich gutturales c mit v vereinigt, entsteht einmal mit Auflösung des c zu i die Form aive = eve. Die Form aigue unterscheidet sich von eve dadurch, dass während v dort consonantisch behandelt wurde, hier dasselbe den vocalischen Werth von u behalten hat.

C. Formenlehre.

Der Artikel.

a. Art. défini.

Mscl.	Femin.
Singul. nom. li. In v. 450, 467, 809, 926, 2680, 2303 steht li für le.	la, l' II, 30. li 2347, 1303.

gen.	do 381. 1158. del VI. 31. de l' 681. dou 44; 603. du 763.	de la
dat.	au 534. ou 429, 129. el 383, 783. o 1234.	a la
accs.	lo 2566. lou 2213, 2122. le 156, 381. In 318, 369, 1002 steht le für li.	la
Plur. nom.	li	les
gen.	des	des
dat.	as 263, aus 550 au ungenau für aus 1098, 1260, 1288, 1412, 1687.	as 253. au für aus 2434.
accs.	les. lais 1441. li für les 1577 en le wird zu el zusammengezogen 383, I. 14, en les (mscl. und fem.) zu es 89, 2425.	les.

b. Art. indéf.

	Mscl.	Fem.
Sing. nom.	uns 1173.	une 1175.
cs. obl.	un 380.	une 2.
Plur. nom. cs. obl.	uns 1582.	unes.

Bemerkung. Der Artikel des nom. mscl. findet sich dreimal (v. 687, 714, 759) elidiert l' für li und zwar stets vor apostoles, während sonst an allen übrigen Stellen li vor einem vocal. beginnenden Worte mit Ausnahme von en sein i behält. Ohne Schädigung des Metrums lässt sich li wieder herstellen. (s. unten über die Regeln des Hiatus.) — Was die Form li für das fem. nom. sing betrifft, so scheint dieselbe nach *Burguy* Gr. I. 46 burgundischen Ursprungs zu sein. In den Reden des heil. Bernhard lesen wir stets: li paine, li poverteiz, li faiture etc. Als burg.

Formen begegnen uns noch gen. mscl. sing. do und accs. fem. plur. lais. Picard. ist der Genit. deu und Accs. lou. — Die Dativform el ist nach *Burg.* I. 50 eine Abschwächung von al, welches bei unserem Dichter nicht bezeugt wird. — Die Form o 1234 ist eine graphische Variante für au — An einigen Stellen finden wir le mit li, noch häufiger li mit le vertauscht. Jedenfalls haben wir es hier mit Fehlern des Abschreibers zu thun, der ein richtiges Verständniss für die Unterscheidung des nom. vom accs. nicht mehr hatte und beide Formen willkührlich für einander substituierte. li für den accs. mscl. kommt im Rom. de Rou öfters vor. Cfr. *Bartsch* Chrest. Col. 93, 3: devant li duc. Doch dort sind die Stellen zweifelhaft. Cfr. *Burguy* I. 52.

Ueber den Plur. des Artikels un siehe die syntaktische Anm.

Das Substantivum.

Die Biegungsformen des lat. Nomens hat das Frz. im Wesentlichen eingebüsst. Während das Lat. in seinen fünf Declinationen mindestens sechs Casus unterschied, kennt das Nfz. nur noch eine Unterscheidung des Numerus; die cas. obl. werden durch die Prépos. de und a ersetzt. Das Afz. hat einen wesentlichen Vorzug vor der modernen Sprache. Es unterscheidet den Nominativ (mit dem der Vocat. meist zusammenfällt) von den übrigen Casus, indem es den nom. sing. und accs plur. aller männlichen und neutralen Wörter und alle nicht auf stummes e endigenden Feminina mit einem s bekleidet, welches der accs. sing. und nom. plur. entbehren. Man unterscheidet im Afz. zwei Arten von Declinationen, je nachdem das flexivische s das Unterscheidungsmerkmal von nom. und cs. obl. bildet oder nicht. Die 1. Declination hat keine Casusflexion, sondern unterscheidet nur den Plural vom Singul. durch ein s. Ihr gehören die Feminina auf tonloses e an, der 1. lat. Decl. auf a entsprechend. Zu der zweiten gehören alle übrigen Nomina (unter die 2. lat. auf us geordnet). Man theilt diese wiederum in 3 Classen: a) solche, welche in allen Casus den Ton auf der gleichen Silbe haben; b) solche, die den Accent des nom sing. in den übrigen Flexionsformen verrücken und auf Grund dieses Unterscheidungsmerkmals das flexivische s im nom. sing. entbehren können; c) alle nicht auf tonloses e ausgehende Feminina. Bei diesen ist nur im Sing. der nom. vom cs. obl. unterschieden. Der Plur. wie bei Declin. I.

I.

Sing. nom. parole 2443. Plur. paroles 2579.
cs. obl. parole 2146. paroles 1024.

Bemerkung. nonain, nonein 2154 cs. obl. zum nom. none Nonne, ist gebildet nach Analogie von männlichen Eigennamen wie Moses — Mosain (Charles — Charlon), nom. plur. nonains 2167. cs. obl. noneins 1980. Cfr. Idain, Evain, putain.

II. a.

Sing. nom. devins 2277. Plur. devin 1479.
cs. obl. devin 2289. devins 2274.

Bemerkung. Die Spuren des alten lat. accs. sing. zeigen sich in amin IV, 17, cs. obl. zu amis (amicus). Eine doppelte Form zeigt sich in monde 44 mit dem nom. mondes, woraus durch Contraction monz entstanden ist mit cs. obl. mont 343, 873.

II. b.

Sing. nom. empercre(s) 314. fel(s) Plur. empereor. felon 236.
cs. obl. empereor 276. felon 168. empereors 363. felons.

Bemerkung. a. Wörter, deren Accent im nom. sing. auf der vorletzten Silbe ruht, werfen ihn in der weiteren Flexion auf die letzte (s. oben empercre). Dahin gehören aus der Lectüre Guiot's eine nicht unbeträchtliche Anzahl von Nomina. Wir zählen unter anderen auf: ameres - ameor 67, ancestre - ancessor 252, conseillieres 1180 - conseilleor, jugierres - jugeor 1181, laireslarron 1884, Othes 76 - Othon, Sire 1108 - Seigner, Signor, Soignor 1954, traitres - traitor 2327. b. Zeigt der nom. sgl. eine einsilbige Form, so tritt der Accent im cs. obl. auf eine noch angehängte Silbe. So fel(s) - felon 168 (s. oben), ber(s) - baron 382, compains - compaignon 2157. c. Einige wenige Wörter erleiden keinen Accentwechsel, sondern unterscheiden sich im nom. sing. von den übrigen Casus nur durch die Form. So hom, homs 908, cs. obl. homme 1422, home 663, omme 1421; cuens, coens, quens 2409 — cs. obl. conte 458. Danz — cs. obl. Dame 169. d. Für sich steht enfes — cs. obl. enfant 1481, 2063.

II. c.

Sing. nom. corz 260.   Plur. corz 267.
cs. obl. cort 280.   corz 912.

Noch ist eine Klasse von Wörtern zu verzeichnen, deren Stamm auf einen Zischlaut ausgeht. Sie bleiben desshalb in ihrer Flexion unverändert. So avis 140, berbis 615, boz 1313, compas 1392, cors 455, croiz 1176, piz 1935, porchatz 1371, ris VI. 13 u. a.

Der Vocativ lautet mit dem Nominativ in allen Declinationen überein. Cfr. v. 311, 427, 477, 711, 1180.

Das flexivische Zeichen des nom. sing. und cs. obl. plur. erscheint in dreierlei Gestalt als s, x, z. Der moderne Sprachgebrauch, obwohl auch hier vielfach inconsequent, hat die Anwendung dieser Zeichen für die Pluralbildung bestimmt fixiert. In der Sprache Guiot's herrscht ein freierer Gebrauch; indess ist die Regellosigkeit doch nicht so gross, als es beim ersten Anblick scheinen möchte. Unser Dichter unterscheidet zwischen x, s, und z folgendermaassen.

Die Bezeichnung des einfachen s als Unterscheidungsmerkmal des nomin. und cs. obl. war ursprünglich allgemein. In unserer Lectüre finden wir es: a) stets bei all den Wörtern, die den Accent nicht auf der letzten Silbe tragen: livres, lermes, Legistres etc. b) fast durchgehends bei Wörtern, in denen vor dem flexiv. s eine stammauslautende Muta, mit Ausnahme einer Dentalis unterdrückt ist. So plons 309, bues 1577, ars 2285, Clers 564, pors 1235, chies 1108, tans 2426, Turs 1714, hues 1682, Juis 972. Doch finden sich einige Ausnahmen: borz 268, porz 615, blanz 1314. — Wörter, die mit einem moull. m oder n endigen, nehmen fast stets ein einfaches s: vins 1693, mains 2540, mesons 1083, Lucans 78, nons 1823, plans 1313, biens 582 u. a. Ausnahmen: plainz 1285, blanz 1314. — Auf r endigende Wörter nehmen auch nur s. So perriers, penseirs, paors, pecheors, piors, mireors, mers etc. --

z steht in der Regel für ds und ts. So humilitcz 1762, letrez 2595, poinz 2516, periz 2465, cenz 1455, ponz 683, puanz 1157, partiz 1012. Doch findet sich auch vens für venz 2123, cens für cenz 1973, Comras für Comraz 369, mons für monz 343, chans für chanz 63. z für x s. unten.

x tritt als conventionelles Zeichen für us ein überall, wo es diphthongierend sich an einen vorhergehenden Vocal anlehnt. So max für maus (mals) 1754, chastel - chastiax 1966, biax 205, porciax 2076, mantiax 1764. Dex 1875, metax 2671. Daneben auch biaus 2378, ceaus 1275. Oft ist x nur ein graphisches Zeichen für blosses s. So in coux (colps) 1720, saux (saufs) 2429, porciaux 2079. Für x = us kann auch z eintreten. So in autez 2347, desoz 158, tiez 2523. Nach aufgelöstem l erscheint auch z für x: ianz 693, biauz 2378, crueuz 201, viauz 692. Schliesslich vertritt auch s die Stelle von us in ceas 467. —

Das Bestreben nach einer durchgreifenden phonetischen Schreibweise tritt bei G u i o t namentlich hervor bei der Unterdrückung der stammauslautenden Tenuis vor flexiv. s. So finden wir stets ohne Ausnahme: Dus für Ducs, Juis für Juifs, vis für vifs, mars für marcs, porz für porcs, cens für cents, monz für monts, coux für coups etc. Moull. l als Stammauslaut findet sich indess öfters vor s, häufig fällt es auch aus: fils v. 320 neben fiz 1020, gentilz 1001 für gentiz. Indess 2345: cortis aus cortils.

Was die Nominalflexion in den Werken unseres Dichters betrifft, so ist dieselbe vielfach nicht streng beobachtet, eine Erscheinung, die uns' übrigens schon in den ältesten afz. Denkmälern begegnet. Dass manche solcher Verstösse gegen das characteristische Unterscheidungsmerkmal des Subjects vom Object auf Rechnung des Abschreibers zu setzen ist, erhellt aus dem Bruchstücke, welches als das Resultat der Vergleichung der Handschriften A u. B bei *Bartsch* abgedruckt ist (s. die Vorbemerkung), wonach sich öfters die richtige Form mit s in der einen Handschrift findet, während dasselbe in der andern fehlt. Nicht so da, wo eine flexivisch unrichtige Form durch den Reim mit einem andern richtig gebildeten Worte geschützt ist (z. B. I. 30: amors für amor, plur. suj., im Reime mit jors, secors). Einige Ungenauigkeiten freilich theilt G. mit anderen Dichtern des 12. und 13. Jahrh. So findet sich z. B. pere einigemal (v. 657, 661) im nom. sing. ohne s. Wahrscheinlich hat hier die Analogie von Wörtern mit verschiebbarem Accent eingewirkt; möglich auch dass pere, welches sehr oft in der Zusammensetzung mit mere erscheint, gerade in dieser Verbindung (wegen des Gleichklangs) sein s zuerst verlor und dann in dieser Gestalt üblich wurde. (Cfr. *Wace's* Legende vom heil. Nicholas*) v. 50. Pere e mero ot de grant bautesce; v. 849: Mes pere et mere assez greignur. v. 1028 pere im Reim mit mere u. s. w. Ordre findet sich einigemal mit s, meist ohne s (cfr. v. 1363, 1565, 1245, 1400). Das Wort schwankt eben zwischen der 1. und 2. Declination. —

Die Fälle, wo bei G. gegen die Flexionsregel verstossen ist, sind folgende: v. 172 steht feu statt feus, v. 182 Chevaliers statt Chevalier v. 339 frere statt freres (:mere), v. 293 le bles statt le ble, v. 397, 420 Willaume statt Willaumes, v. 393 Joffroi statt Joffrois, v. 426 Guillaumes statt Guillaume, v. 435 dui für deus, v. 447 li Chastelein statt li Chasteleins, v. 609 chier st. chiers, v. 613 boin diz st. bon dit, v. 764 tel blez st. tel ble, v. 769 granz conseil st. grant conseil, v. 774 un st. uns, v. 788 chapistre st. chapistres, v. 958 gitez seront st. gite seront, v. 974 itiez gent st. itiez genz, v. 1035 icel st. icels, v. 1046 En maint leuz et en maintes cort (:cort sing. reg) st. En mainz leus et en maintes corz, v. 1108 La ou Sires et Chief lor faut st. Sires et Chies lor faut, v. 1110 covens

---

*) aus der Mitte des 12. Jahrhunderts.

st. covent (:servant Var.), v. 1172 ne rienz st. ne rien; (riens erscheint später noch sechsmal, v. 219, 1335, 1624, II. 13, IV. 37, VI. 20, wo es als Rég. gebraucht wird. Es scheint als ob das Wort, indem es seine ursprüngliche substantivische Kraft verliert, schon allmählich wie ein Adverbium angesehen wird und das s des Nom. sing. mehr die Geltung eines paragogischen s erhält), v. 1301 retrot (:plet) st. retrez, v. 1391 Benooiz st. Benooit, v. 1564 Seignors st. Seignor, v. 1580 touz le desordenement st. tout le des., v. 1605 grevez (:Abbez) st. greve 1604, v. 1653 adroiz (:Benooiz) st. adroit, v. 1690 yvre (:vivre) st. yvres, v. 1710 chascun (:aun) st. chascuns, v. 1902 Charite st. Charitez, v. 2003 par autre meffez st. par autres meffez, v. 2082 li argent st. argenz, v. 2095 Saint Antoine st. Sainz Antoines, v. 2098 vertez (:esgare) st. verte, v. 2122 faut st. faux, v. 2223 rien st. riens (s. oben), v. 2289 devin (:fin) st. devins, v. 2363 touz st. tout, v. 2416 mestrier st. mestriers, I. 30 amors (:jors, secors) st. amor (plur. suj.); amor als nom. sing. ohne s kommt häufig vor: I. 1. II. 19, V. 20. Viermal amors als cs. obl. im Sing.: II. 29 per deu amors, II. 22: D'amors se pleint, II. 24: Nuls malz d'amors, VI. 19 ki k'en amors, überall statt amor; V. 38 gent st. genz.

Bei der Bildung von Substantiven (sei es, dass sie direct aus dem Lat. herüberkamen, oder erst auf roman. Boden gebildet wurden) sind folgende Ableitungssuffixe thätig gewesen.

A. Substantiva, die von Verbis abgeleitet sind:

I. Suffix erres, eres. cas. obl. eor (lat. t-or, t-oris). Dahin gehören alle Personalsubstantiva der Declination IIb wie gouvernierres 1181, jugierres 1181, preechieres 2346.

2. Suff. ent, ant. servant 1111, serpent 2510. — ante: enfante VI. 32; — ent: argent 309, talent 2350.

3. Suff. ment. (lat. mentum): testament 2337, torment 2477. Nach Analogie des lat. amentum wurde

eine grössere Anzahl von Substant. mit dem Suff. —ement gebildet, welches an den blossen Verbalstamm gehängt wurde. So: amenuisement 289, definement 2585, comencement 2584, desordenement 1580, jugement 2402, oingnement 2007, repentement 2234, commandement 1576, entendement 609, hardement 1723, enseignement 25.

4. Suff. ance u. ence. anfance III. 17, acointance 1529, acroissance 1789, acoustumance 2199, creance 17, contenance 1891, desperance 103, dolance 2198, doutance 1775, desirrance 1442, esperance 2243, desesperance 1043, Nigromance 2143, penitance 1055, pesance III. 2, quenoissance 965, mcsestance III. 14, remenbrance 101, semblance 2384; — abstinence 1890, obedience 1066, pacience 1266, semence 145, sapience 67, science 2504, silence 1517.

5. Suff. enge (lat. emia) vendenge 2046.

6. Suff. ande, ende. viande 1171, provende 991.

7. —ure. doreure 1912, pasture 818, engenreure 148, letreure 2286, luxure 1415, mesure III. 31, ordure 2554, usure 979, ardure III. 24, aventure III. 27, ceinture 2056, coverture 867, escripture 60, droiture 1140 (Nominalstamm.)

8. —ion, tion, son, çon. coçon 1246, cloison 804, traixon 2328, tenson IV. 22, maison 265, lecon 1780, oroison 787, poisson 1270, possession 1601, raixon IV. 20, religion 1428, chanson IV. 33, prixon 2530.

9. —or (lat. or, oris). flairor 2663, labor 1275, honor 212, flor 378, mireor 7.

10. —or, our (lat. orium). refroitor 1274, refretour 1681, dortor 1519.

11. -oile (elle, ele). chandoile 1482.

12. Ohne besonderes Ableitungssuffix vom Part. Perf. hergeleitet: entente 1251, atente VI. 11, rente 2204, vente 970, despense 839, pointe 650, rohte 1196, prise 1250, sause 1140; baillie 1553, chauciee 683, colee 604, departie

III. 46, entendue 1130, gelee V. 12, partie 1545, pensee 2497, pevree 1540, poiree 1277.

13. Eine Reihe von Substantiven repräsentiert den reinen Verbalstamm (sog. Verbalsubstant.) Es sind dieselben nach falscher Analogie gebildet (etwa, wie chant mit chanter zusammenhieng, so bildete man accord zum verb. accorder): desir II. 30, sospir II. 29, repos 1680, confort 805, plor 1260, pardon 1887, espoir IV. 23, deport 231, effroi III. 12, abet 2049, esmai 2153, travail 1205, roy III. 8 (roier goth. raidjan). Ein e dient zur Stütze des Stammes in blasme 38, encombre 2201, covine 1450, eschange 308, esprove 1200.

14. Drei andere Verbalsubstantiva von Infinitiv abgeleitet mit der Endung ier: destorbier (destorber) IV. 25, cuidier (cuider) 593, desirrier (desirer) I, 31.

B. Substantiva, die von andern Hauptwörtern abgeleitet sind.

1. Suff. ier. Appellativa, die persönliche Begriffe bezeichnen: cellerier 1286, pevrier 2051, usurier 525, hospitalier 1792, arbalestier 184, escolier 2498, nombrier 2203, Templier 1727, vivandier 1656, terrier 331, cloistrier 1114, perrier 185, conseillier 911; sächliche Begriffe: ortier 2664, sentier 985, vivier 774, mostier 973, rosier 2665, loier 2473, denier 972. Eigennamen: Berengier 339, Bertholomier 424; — iere: fonchiere 2451, charriere 2339, gotiere 2338, lumiere 385, proiere 5134, cimetiere 1234, miniere 2448, maniere 967.

2. —an, en, ain, aine, ein, ien. barbaran 1566, Charelan 415; soverain 2280, nouain 1980, polain 142, Chastelain 400; lorein 982, citeien 990, crestien 461, fisicien 2600; tresmontaine 125, fontaine 919, Aquitaine 334.

3. —aire. lectuaire 2619, repaire 249.

4. —age (lat. aticum). fromaige 1413. ombrage 267, domaige 690, usaige 2220, lignage 1009, langaige 1531, otraige 201, boschage 266.

5. — ee (lat. ata). anee 2062, contreie V. 2.

6. —ie und erie. clergie 926, Symonie 862, compaingnie VI. 44, prophetie 2258, Astronomie 2142, vesie 2633, Seingnorie 1552, felonie 511, ypocrisie 1130, confrarie 2041, lignie 2264, galie 2687, Abbaie 1599; — chevalerie 1712, marrederie 1229, tricherie 2515 (Verbalst.

7. Diminutiv- und Augmentativsuffixe:

a) —ail, aille, eil, eille, ille: fermail 2056, toiaille 2055, maaille 1963, bataille 1703, devignaille 593, taille 214; — orgueil 1366, Sàlveil 373, soleil 2138, merveille 601, oreille 398; — aguille 648.

b) —et, ette. oillet 677, oxelet 62, pasceret 2566, sachet 2048, chansonete I. 36, marinette 634, pilete 2616.

c) —el, elle, cel, celle. porcel 2079, Trieignel 452, coutel 2007, chapel 1594, fleel 293, ruissel 2507, Chastel 1715, Trichastel 462, buretel 2321, vessel 2449, Monrenel 462, anel 2055, morcel 837; pucele 1184, chapele 2038, campagnele 2035.

d) —on. estalon 142, faucon 702, alerion 703, felon 236, Grifon 778, chapon 2669, gueridon IV. 21, Jaquemon 371, papeillon 1486, aguillon 730, Arenton 444, Aragon 337, baston IV. 30, compaignon 2157, Chasteillon 370, poón 696, Troon 403, Borgoignon 1527.

e) —in, ine. Augustin 1692, Baudoin 438, chemin 739; molin 1691, coquin 2488, penidoin 2623; — ferine 2323, cuisine 1451, vermine 774, doctrine 2503 (Verbalstamm).

f) —ace. menace 2160.

g) —esse. asnesse 1236.

h) —isse. crevisse 175.

i) —ole (eolam) jaiole 2442.

8. —ois: Champenois 471, cortois 65. Sancherrois 467, Mascoignois IV. 33, Grezois 57, Francois 1527.

C. Hauptwörter von Adjectiven abgeleitet.

1. Suff. —te (bgd. teit). subtilite 85, plente 1213, durte 1325, fausete 2018, divinite 2145, parente 1529 (Nominalstamm), charite 1826, volente 938 (Verbalstamm),

pitie 1282 (Nominalstamm), santeit V. 17, crualte 749, verite 1855, verte 1500, humilite 1762, fraternite 1280, ventousete 2577, honeste 997, biaute I. 23, loiaulte I. 4, hospitalite 1804, crestiente 605 (Nominalstamm).

2. —ice, ise. malice 772, franchise 1258, jostise 872, servise (Nominalstamm) 1731, truandise 2000, covoitise 961.

3. —ie. vilenie 1004, maladie 2683, folie 2110.

4. — esce. gentilesce 997, richesce 2306, hautesce 996, proesce 2349.

An Dittologieen sind zu verzeichnen: anfante VI. 32 und enfance 102, barat 1122 und barate 995, char 1577 und charroi 1248, aigle 703 und alerion 703, aigue 2508 und eve 1123, ovrier 137 und ovreres, Cs. obl. ovreor 2042, pens I. 6 und pensee 2497, monde 44 und mont 752, voire 2043 und verte 1500.

Ueber den Gebrauch des Cs. obl. zur Bezeichnung eines genitivischen oder dativischen Abhängigkeitsverhältnisses s. die syntaktische Anmerkung.

Das Adjectivum.

Hinsichtlich der Adjectivbildung weicht das Afz. in 2 Punkten wesentlich vom Nfz. ab. Erstens ist auch hier wie bei den Substantivis eine Unterscheidung des Nominat. vom Cs. obl. durch das flexivische s gegeben, zweitens ist die Zahl derjenigen Adjectiva, welche nur eine Form für Mscl. und Fem. aufweisen, in der alten Sprache bedeutend grösser, als in der modernen. Zu den letzteren, den sogenannten geschlechtslosen Adjectiven, gehören alle diejenigen, welche den lat. zweigeschlechtigen auf is, e und eingeschlechtigen auf ns entsprechen, sowie die anf ein tonloses e ausgehenden. Bei der Bildung der letzteren sind wiederum folgende Principien thätig gewesen:

I. Das tonlose e dient zur Stütze des Stammes. So in doble 1272, digne 416, chiche 513, riche 319, monde 1159.

II. Der Ton liegt auf der drittletzten Silbe: cointe 651, ombrage 935, estable 658, foible 1910. Eine Ausnahme machen net 2231 (nitidum), froit 2127 (frigidum).

III. Fremdwörter (die nicht volksthümlich behandelt wurden): fleumatique 2575, colerique 2574.

Eine besondere Form für Mscl. und Fem. haben die Adjectiva, welche im Lat. dreigeschlechtig waren mit der Endung us. a, um.

Declination.

A. **Eingeschlechtige.** Sing. Nom. granz 35, Cs. obl. grant 1215, 749; Plur. Nom. Mscl. grant 250, Fem. granz, Cs obl. granz 1248, 877.

Die Declination des Mscl. richtet sich nach der 1. Klasse der 2. Declination der Subst., das Fem. der eingeschlechtigen auf e geht nach der 1. Declination, auf einen Consonanten nach II. c.

B. **Zweigeschlechtige.** Sing. Nom. Mscl. bons 341, Fem. bone II. 1; Cs. obl. Mscl. bon 789, Fem. bone 1766. Plur. Nom. Mscl. bon 2299, Fem. bones 2669, Cs. obl. Mscl. bons 1693, Fem. bones 2252.

Die Declination des Mscl. wie bei den eingeschlechtigen. Das Fem. geht nach der 1. Declination der Subst.

Der Vocativ stimmt mit dem Nominativ überein, cfr. v. 427: Biaus Sire Dex. Ebenso v. 311 u. a.

Was die Einwirkung des flexivischen s auf den Stammauslaut betrifft, so verhält es sich hiermit wie bei den Substantivis.

Die stammauslautende Muta fällt aus vor s. frans IV. 35, nucs 1577, blans 1772, vis 1725.

Die Media der Femininform erhärtet sich im Mscl. am Ende des Stammes zur Tenuis. chaude - chaut 1276, laide - lait 1037, orde - ort 89.

Andre scheinbare Unregelmässigkeiten bedingen die Lautgesetze. sec, Fem. seche 2569, blanc - blanche 1188; (lonc - longue VI. 39 macht eine Ausnahme).

Das doppelte n in sain - sainne 1016, vilein - vileinne 1040 hat nur eine graphische Bedeutung, um das ai, ei als ein offenes zu bezeichnen.

novel hat novele 2039, fol - fole III. 10, obwohl hier beidemal ll etymologisch berechtigt wäre. In pareille 282 soll ll den moull. Laut bezeichnen.

Das Fem. von fax zeigt noch die richtige Form fause (falsa) 2641 neben fausse 148.

Vor einem consonantisch anhebenden Worte wird l noch nicht zu u aufgelöst. novel tens I. 1.

Ein Ueberrecht des lat. Neutrums zeigt sich noch in der Neutralform des Pron. tout, welche im Nom. Sing. kein s annimmt. tout est perdu 301, tout est perdu et confondu 666. In unpersönlichen Ausdrücken mit c'est und il est gebraucht Guiot schon nicht mehr die neutrale Form (reine Stamm ohne s), sondern das Mscl.: n'est pas biens que 582, ice fu voirs 1462 etc.

Als seltene Adjectivbildungen sind hervorzuheben: pugnais 2604, rosat 2622, violat 2623, (subst. Adjectiva), mat 2457, loeis (locaticium) 2465, sauvaige 1533 und ombrage 267, glout 537 (Plur. Sing., wo wir nach *Fallot* Rech. p. 78, *Burguy* I. 69 glouton erwarten). Zwei Adjectiva auf ier von Verbalstämmen abgeleitet: cerchier 85, parlier, ere V. 38. Sehr häufig sind Participia Praes. zur Verwendung gekommen: pesant 604, puant 979, vailant 340, asant 586, dotant 1530. Eine verkürzte Participialform in comble 671, troble 1123.

Die Bildung der Adverbien ist einfach. Es wird das weibliche Suffix ment (mente) an die obl. Form des Fem. im Sing. des Adject. angehängt bele - belement 1523, gentil - gentilment 1695, laide - laidement 1475, franche - franchement 1204.

Nicht moull. l geht nach dunklen Vocalen in u über: igaulment II. 11, loiaulment III. 36. (Das l hinter u, welches ein aufgelöstes l darstellt, ist nur eine orthographische

Eigenthümlichkeit des burg. Abschreibers). Nach l bleibt l unaufgelöst. vilment 271, gentilment 1695.

Für nm tritt einmal an ein (s. *Burguy* II. 264, welcher dasselbe normann. Einfluss zuschreibt) in erraument 2238 für erramment. •

In forment 1474 ist das stammauslautende t ausgefallen.

Zu beachten das Adv. mestrement vom Subst. mestre 1937; celeement vom Verb. celer 1523. Die neutralen Formen des Adject. werden öfters für das Adv. gebraucht. So voir 1743 neben voirement 288. Einmal das subst. Adject. voire für voirement 294, bel, biau 453, 1730 neben belement 1502, volentieres mit parag. s. 1699.

Neben longuement 1401 findet sich die Form longement 2149 ohne u. Indessen ist hier an ein palatales g nicht zu denken.

Die Comparation der Adjectiva ist die des Nfz. Einen Superlativ im eigentlichen Sinne kennt die Sprache unsres Dichters so wenig, wie die moderne (Superlativformen wie meismes gehören nicht hierher, weil sie den relativen Superlativbegriff aufgegeben haben). Erst durch den Hinzutritt des best. Artikels, der in diesem Falle eine besondere demonstrative Kraft hat, zu dem Comparativ wird ein Begriff geschaffen, welcher der Bedeutung eines Superl. nahe kommt. Der organischen Comparative sind im Afz. einige mehr, als im Nfz. Wir zählen auf miaures, mieudres 2602, 362. Cs. obl. meillor 904; pior 110, (Cs. obl. zu pire[s]); plusors 851; graindre III. 23 — Cs. obl. greignor 1566. Als Adverbia werden gebraucht miex, muels 2105, III. 20; meins 807; plus 2059; pis 685; mais 246, entsprechend den lat. Formen, aus dem sie hervorgegangen sind. Meins und plus werden auch subst. im neutralen Sinne verwandt.

Die absolute Gradation einer Eigenschaft wird durch Adverbia wie molt, bien, tres, molt tres, par, molt par, trop, trop par, assez und forment bewirkt. Zu bemerken, dass molt von dem Begriffe, welchen es steigern soll, meist durch das Verbum getrennt wird. Molt tienent netes lor maisons 1745; Molt son bien qeneu 2673. So verhält es sich auch mit bien, welches neben molt sehr häufig vorkommt. Bien est fox 510; tres findet sich nur zweimal und bezeichnet einen sehr hohen Grad der Steigerung. Es wird noch durch molt verstärkt v. 1704: Molt tres bien se contienent. Zu einem Wort verbunden mit tot: trestot 1034. Par trestot 584 ganz und gar. Par steigert gewöhnlich andere Adverbia des Grades, kann aber nur in einem Satze mit einem Verbum gebraucht werden, von welchem es stets angezogen wird; v. 1607: Molt par furent de bel ator. Trop heisst, »zu sehr, zu viel«, oft anch nur »viel, sehr.« Plus me grieve trop de parler 1673. Trop plus qu' il n'avoient devant. Assez heisst »hinlänglich, zur Genüge, öfters, viel.« Assez plus grant chalor 1414. Assez meillor 1443. Forment ist = nfz. fort. Forment cort 1047.

Das Zahlwort.

Cardinalia. — 1. uns 1472, Fem. une 1963. Cs. obl. un 2131, Fem. une 1508. — 2. dui 294, Fem. deux, Cs. obl. deux 1197, Fem. deus, deux 1748; v. 1620 steht ices dui genz. Dui als die Form für das Fem. ist sehr unwahrscheinlich, da das Fehlen des flexivischen s im Plur. Suj. eines Fem. aller Analogie wiederspräche. Dass genz hier als Mscl. gebraucht sein soll, ist ebenso undenkbar. Nur prädicative Adjectiva werden gewöhnlich vermöge einer constructio ad sensum zu gens im Mscl. gesetzt. Jenes dui war vielleicht in der Handschrift mit einer römischen Ziffer bezeichnet und ist durch ein Versehen später in dieser Form in den Text gekommen. Jedenfalls ist deux dafür zu setzen. — v. 435 steht dui freres als Accs. ungenau für deux freres. — 3. Mscl. troi 161 (:croi), Fem. trois 1133. Cs. obl. trois 1197, Fem. trois 1545. — 4. qatre 1193. — 5. cinq 2061. — 7. sept 2120. —

8. huit 292. — 12. doze 1072. — 15. quinze 1972. — 100. cent 277. — 200. deux cenz (:jumenz) 1455. — 500. cinq cens 1973. — 1000. mil (:il) 1861. — 5000. cinq mile 2061. — 200000. deux cent mile (:guile) 1940. Zu beachten, dass cent im Plural ein s erhält, auch wenn noch eine Zahl darauf folgt. — Mil wie aus dem Reime mit il hervorgeht, ist die Form für den Singular, mile die für den Plural. Beide Formen finden sich afz. auch für den Plural.

Ordinalia. — 1. premiers 1998. Cs. obl. premier, Fem. premiere 1138. Davon eine Ableitung mit Suffix enus: premerain, Fem. premerainne III. 1. — Noch existirt eine Adverbialform primes 746. — 2. seconz 553, Cs. obl. secont. Fem. seconde 1130. — 3. tierz 553, Fem. la tierce 1140. — Ausserdem findet sich noch none 575 die neunte Stunde des Tages. —

Multiplicativa: simple 2054; doble — Plur. rég. dobles 1272.

Das Fürwort.

A. Personalia. 1. je 11, j' 20, ge 366, g' 1515. Betonte Form ieu IV. 17, gie im Reime mit changie 1807. Dat. Accs. me 23, 465. Betonte Form Accs. moi 1396. Gen. de moi. Dat. a moi 1568. Plur. nos 810, nous 1373. Dat. Accs. nos, nous 548. Betonte Form. Gen. de nos 795. Dat. a nos.

2. tu 663. (conj. und disj.) Accs. te I. 37. Plur. vos 664. Dat. Accs. vos 1444, vous 492, vo(?) 115.

3. Mscl. il (betonte und unbetonte Form) 1860. Dat. li 695. Accs. le 26, lou 1484. Betonte Form Accs. lui 317 (:sui), Gen. de lui 2476, Dat. a lui. Plur. il (betonte und unbetonte Form) 1240, Dat. lor 206, Accs. les 55. Betonte Form Accs. els 1715, aus 2478. Gen. d'aus 1218, d'eaus VI. 50, Dat. a aus. Fem. ele 277, elle 2120 (conj. und disj.) Dat. li I. 38, Accs. la I. 19.

Betonte Form: Accs. li 2107, II. 20. Gen. de li I. 38, Dat. a li. Plur. eles 579 (disj. und conj.) el(?) 874, Dat. lor 2119, Accs. les 1142. Betonte Form Accs. eles, Gen. d'eles 2137, Dat. a eles.

Reflexivum. Dat. Accs. se 39, s' 22. Betonte Form Accs. soi.

Aus je le wird durch Contraction jel 346.
» je les — jes 1029.
» je lou — jou 1997.
» ne le — nou 1430, nel VI, 25.
» ne les — nes 1373.

Unterschied zwischen der alten und modernen Sprache: In beiden werden betonte und unbetonte (conjoints und disjoints) Personalpronomina unterschieden. Das Nfz. hat für die letzteren im Nom., Dat., Accs. Sing. und Plur. besondere Formen, mit Ausnahme des Nom. und Accs. Plur. der 1. und 2. Person und im Nom. und Accs., Sing. und Plur. der 3. Person Fem.

Das Afz. hat davon abweichend für den Nom. Sing. der 2. und 3. und für den Nom. Plur. der 3. Person Mscl. dieselbe Form für das absolute und conjunctive Personalpronomen. Der Nom. Plur. der 3. Person Mscl. il zeigt richtiger noch kein s, welches erst im 14. Jahrhundert aufkommt. Noch zu beachten, der Accs. Fem. der 3. Person li (absol.), die conjunctive Form des Dat. Sing. li, ferner die betonte Form der 1. Person im Nom. Sing. gie, welche vor einem vocalisch anhebenden Worte im Hiatus steht und sich im Reime mit changie und irie findet. Einen Dativ hat die betonte Form nicht, nur einen Accs. Jener wird mit dem Accs. und der Prepos. a gebildet. Meistens steht die betonte Accusativform im Sinne eines Dativ, wie aus Sätzen »moi covint, l'avoirs est lui« hervorgeht. — In Verbindung mit meisme finden wir nach der Regel il meismes er selbst 2107, il meisme sie selbst 1033. — Die Form el 874 für den Plur. Fem. 3. Person ist nicht wahrscheinlich, da das

Fehlen des flexivischen s im Nom. Plur. eines Fem. sonst keine Analogie hat. (Eine Seitenstelle dafür findet sich bei *Bartsch* afz. Chr. Col. 108, 6 [Rom. d'Alixandre]: Les deuesses d'amors i doivent habiter, Car c'est lor paradix ou els doivent entrer). Vielmehr ist els dafür zu setzen, welche Form nach *Fallot* Rech. p. 250 sich öfters neben eles findet. Cfr. danach Rom. de la Rose 300, 1207, 1454. *Villehard* p. 451 B. 84 ed. *Brial*, auch *Burguy* I. 128: Sorrez comment el sont haucies. Rutb. II. 57. — v. 1802 findet sich eine Form par el im Reime mit tel, wo dem Sinne nach wenigstens par els zu erwarten ist. Die Stelle ist unklar.

Ueber den afz. Gebrauch, die betonten Formen an Stelle der unbetonten, sowie das Reflexivum für das bestimmte Pronomen zu setzen, s. die syntaktische Anmerkung.

B. Possessiva. a. Conjunctive. 1. Sing. Nom. Mscl. mes 1355, Cs. obl. mon 23, picardisch men 1124; Plur. mi I. 7. Cs. obl. mes I. 10; Fem. Sing. Nom. ma IV. 32, Cs. obl. ma 2686, Plur. mes, Cs. obl. mes VI. 34. — 3. Sing. Nom. Mscl. ses 339, ces I. 11, Cs. obl. son 383, Plur. si, Cs. obl. ses 2284; Fem. sa, s' 724, Cs. obl. sa 2689, sai V. 19, Plur. ses.

b. Disjunctive. 1. miens, Cs obl. mien I. 24; Fem. moie II. 30; Plur. nostre(s) 721, Cs. obl. nostre 158, Plur. Mscl. nostre 224. Nebenform: Plur. Nom. Fem. noz 1056, Cs. obl. Msel. noz 1057. 2. Sing. Nom. Fem. vostre 1309. 3. lor 2039 (invariable).

Die alte Sprache kennt wie die moderne eine absolute und conjuctive Form für das Pron. poss., nur mit dem Unterschied, dass die absolute (mien u. s. w.) im afz. auch conjunctivisch verwandt wird. Afz. sind die Formen insofern unterschieden, als mes, tes, ses den Artikel nicht gestatten, wohl aber mien, tien, sien mit dem Fem. moie, toie, soie (s. *Diez* III. 61). Die modernen Formen mienne, tienne etc. finden sich noch nicht, sondern nur moie (mea), toie etc. — Die verkürzte Form noz aus nostre ist sehr alt. Cfr. *Diez* la Pass. du Christ 126, 3. Alexiuslied 105, 3. — lor, ein erstarrter Genitiv (illorum) ist stets unveränderlich; das s, welches sich zuerst im Cs. obl. Plur. zeigt, kommt am Ende des 13. Jahrhunderts auf (*Burguy* I. 142); a lors chans VI. 3 ist in a lor chans umzuändern, das s vielleicht durch den Einfluss des darauf folgenden Zischlautes hineingekommen; mit dem Artikel absolut findet sich lor v. 2487: a enviz le lor despendent v. 2530: Nule vie ne s'apareille a la lor. — Für mon haben wir einmal die picardische Form men v. 1124. Dieselbe steht, was sonst nicht gebräuchlich ist, vor einem vocalisch anlautenden Subst. fem. gen.: Ordre. Wir finden sonst nur m'airme V. 22, m'amie I. 37, m'enfermetez 2685, nicht wie im Nfz. mon âme, mon amie u. s. w. Indessen haben wir analoge Stellen zu 1124 in den Reden des heil. Bernhard (*Bartsch* afz. Chr. Col. 103, 10): son odour, 106, 28 son esperance u. a. Bei *Lafontaine* und *Molière* ist die Form ma noch in m'amie (nicht mamie) erhalten. S. Fabl. Livr. XII. 11: Caquet - bon - bec, m'amie; Tart. II. 2: je vous le dis, m'amie. — Zu beachten noch der Ausdruck malgre mien I. 24 = malgre moi. — Zuweilen steht das Personalpronomen für das Poss., namentlich da, wo die Person selber nicht im Besitze, sondern abhängig ist; v. 1568: S'il estoient Seignor de moi; v. 1461: Molt par est granz d'aus li renons (lor renons); v. 795: Li Seignor de nos et li mestre.

C. Demonstrativa. I. Sing. Nom. Mscl. cist 2432, Cs. obl. cest 1070; cestui 950. Plur. Nom. icist 1654, Cs. obl. ces 700. Fem. Sing. Nom. ceste 8, Cs. obl. ceste 43, Plur. nom. ices 1620, Cs. obl. ces 2040.

II. Sing. Nom. Mscl. cil 2293, icil 2632, celui 1884. Cs. obl. cel 66, celui 1159. Plur. Nom. cil 385, icil 1591. Cs. obl. cels 364, ceas 467 (Var.), ceaus 1275, icels (st. icel) 1035. Fem. Sing. Nom. Cs. obl. cele 2228, celle V. 34, icele I. 4. Plur. Nom. Cs. obl. celes 2060.

Neutrum ce 11, ceu II. 11, ice 2142, ic' 1650, iceu IV. 8. Das Afz. ist dem Nfz. an Reichthum der Formen überlegen. Es besitzt Pronomina zur Bezeichnung der Nähe (cist, icist, cestui) und der Ferne (cil, icil, celui) und verwendet dieselben promiscue in absoluter und conjunctiver Weise. Der Nom. wird vom Cs. obl. durch den Stammvocal unterschieden. — Die Neutralform ce (ceu), welche nfz. auch die conjunctive Form beim Mscl. ist, begegnet uns bei Guiot nur als pronominales Substantivum. v. 922 lesen wir: Et torne ce devant derriere, wo ce nicht adjectivisch gebraucht ist, sondern elliptisch = ce que est steht. v. 2195 ist ce colomp in der ed. Meon mit Recht in de colomp umgeändert worden. Cest für ceste finden wir ungenau v. 1570 vor Ordres. Dass Guiot letzteres Wort noch nicht männlich gebraucht hat, wie die heutige Sprache, beweisen die überaus zahlreichen Stellen, wo wir es als Fem. treffen. Dem Copisten, war es vielleicht schon in dem anderen Geschlecht geläufig. Ohne Beeinträchtigung des Metrums setzen wir ceste Ordre, sowie v. 1565 Iceste Ordre˙ für Icist Ordre. v. 2223 a celui nule rien ne faut. Celui geht auf ein Fem. zurück. Es ist demnach celei oder celi dafür zu setzen (aus lat. ecce illae). Ueber den Gebrauch von ce ist noch zu bemerken, dass es häufig bei Conjunctionen zwischen Prépos. und que tritt, um auf einen folgenden Satz hinzuweisen, wo es nfz. fehlt. So por ce que 946, 1685, por ice que 737 für blosses por que 1059, sans ceu ke VI. 13 = nfz. sans que. Oft wird es gebraucht, um auf einen Nachsatz mit que hinzuweisen. v. 2341: Ce set eu bien et tuit le voient Que la chenex etc. v. 1221: De ce ne ront il mie droit que trop sont etc. Unmittelbar vor einem Objectsatze mit ke VI. 36: Quant elle souffri ceu ke je la vi.

D. Relativa. a. adjectivische. Sing. Plur. Nom. Mscl. qui 749, ki V. 11, que 1419 qu' 1979, ke V. 6. Fem. qui 1103, ki II. 1, que 1171, ke IV. 10, que

(Plur.) 2259. Accs. Mscl. Fem. que 2517, 1254, cui 678. Gen. cui 1954, de cui IV. 21, dont 366. Dat a cui V. 35, a quoi 1924.
b. substantivische. Mscl. Fem. Nom. qui 159, Cs. obl. qui 2555. Neutr. Nom. Accs. que 1908 (prädicat. Nom.) 491, ke III. 18, qoi 1097.

E. Interrogativa. a. adjectivische. Sing. Nom. Mscl. quiex 352, qnicz 350, Cs. obl. quel 354, Plur. quel, Cs. obl. quiex 409, ques 477, Fem. Nom. quels, Cs. obl. quel 1487, Plur. quiex 1069.
b. substantivische. Mscl. Fem. Sing. Plur. qui 314. Neutr Nom. que 283, Cs. obl. qoi 2396, coi 1168.

Wie im Nfz. unterscheidet man bei den Relativen wie bei den Interrogativen ein Pronomen adjectiv. und ein Pr. substantiv. — Die Form für das Mscl. des Relat. im Nom. Sing. ist qui (auf lat. quis zurückzuführen). Zweimal findet sich que statt qui. v. 1979: Li avoir qu'a Saint Antoine entre, wo sicherlich ein e elidiert worden ist; v. 1419: Du malade que char demande. Die Form que für ki findet sich indessen schon im 10. Jahrhundert. Pass. du Chr. 56, 1: Pilat qûe anz l'en vol laisar. *Ger. de Viane* 2402 (*Fallot* R. 314): Gloriouz peires ke soufris passion. Die ursprüngliche Form des Fem. im Nom. ist que (lat. quae), welche sich bei Guiot siebenmal findet, während qui nur dreimal vorkommt. Der Accs. lautet que, nur einmal zeigt sich noch die alte oblique Form cui (lat. cui) v. 678: qui nostre Sires doit monstrer, wo besser cui geschrieben wird. Cui als Cs. obl. im Sinne eines Genitivs finden wir v. 1954: Au Seignor en cui terre il sont. Dont ursprüngliches Ortsadverb, vertritt oft die Stelle eines Relativs mit genitivischem Bezug; doch ist der Gebrauch noch ausgedehnter, als im Nfz. v. 920 la doiz dont (d'où) sortent li let pechie; v. 1423 Mort dont (contre laquelle) il n'a aide; v. 2247: Dont (par lesquelles) Dex fu serviz et amez. Zu beachten die Form quoi (aus quid mit diphthong. i) für das Adject. relat., v. 1923 lor: mestier a quoi il furent establi. Nfz wird quoi nur als substant. Pron. neutr. gebraucht. — Die zusammengesetzte Form liquels für das Relat. und Interrogat. findet sich bei Guiot nicht. Das Interrogat. quel zeigt dieselbe Form für Mscl. und Fem. De quel part 2486. Qviex corpes 1069, wo das Nfz. quelle setzt. Letztere Form kennt Guiot noch nicht, obwohl sie schon im Anfange des 13. Jahrhunderts auftritt (s. *Burguy* I. 165). Für quel findet sich in der verallgemeinernden Form burgd. keil: seus keil ke mesestance III. 14.

F. Indefinita. a. Nur Substantivische. 1. rien etwas, im Nfz. durch quelque chose verdrängt; cil qui a rien 516. Meist in negativen Sätzen: ne rien, riens, nule rien 223. Das ursprüngliche flexivische s des Nom. verliert schon seine Bedeutung. Wir finden sieben Mal riens als Accs., rien einmal als Nom. Oefters wird es auf Personen bezogen und bedeutet dann Wesen, Gegenstand. Sehr oft in Verbindung mit de und por: de rien, in Bezug auf etwas 2609; por rien ne, um Alles in der Welt nicht 1701. — 2. hons, hom, als 'Pron. on, en; Cs. obl. home, homme, omme; uns hom, Jemand 2636; nul homme, irgend Jemand (negat.) 2536; ne home - ne personne 28. Die Bedeutung Mensch und man wechselt sehr häufig. De ce dont hom doit estre saux 2429. Desirrance giete homme mort 1422. Bien le set om 900. Die ursprüngliche Bedeutung von hom zeigt sich noch in en mit dem Artikel. Ou l'en ne doute Dieu 2171. Die Verwechselung des substant. und pronominalen on hat zur Folge, das ersteres im Nom. das flexivische s oft nicht hat. — 3. autrui, antri. Findet sich fünf Mal nur obliquisch im Sinne eines Genitiv mit eingeschalteter Stellung. Ne n'avons d'autrui chose envie 1308. — 4. plusors, Comparat., von plus gebildet. Mit best. Artikel = die Meisten. Avenir le voi des plusors 851.

Personne findet sich nirgends bei Guiot.

b. **substantivische und adjectivische**. 1. tout, tot, Plur. tuit. Pron. Subst. Neutr. tout, tot: tot est perdu 485. Einmal steht tote jor für tot jor 298. Bei *Bartsch* afz. Chr. Col. 125, 7 findet sich: ensi tote jor se contient. Nach *Orell,* afz. Grammat. p. 72 setzte man gern tote statt tot, um den Ton zu mildern. S. Gloss. unter jor. Oft steht tot adverbial: tot apertement 2430, tot hors de plet 2215; tot por ice que 737. — 2. aucun, aucune irgend Einer. sans aucun mehaing 2536; ne aucune foiz nicht manchmal 893. — 3. chascuns 597. — 4. nul irgend einer (nègat.), Cs. obl. nului (subst.); je ne vueil nommer nului 886. sans nule reson 672 ohne alle Vernunft, nuls ke Niemand als VI. 14. — 5 nun (nec unus) keiner, stets mit ne; nuns autres 1216. — 6. tel; tel home mancher 504; nul tel 446; autel 2338. touz autez 2347. — 7. maint, mainte; mainz en i ait ki IV. 9.

Das Verbum.

Was die Conjugation der Verba betrifft, so hat diese mit Rücksicht auf das Lat. geringere Einbusse erlitten, als die Declination, indessen ist sie immer noch beträchtlich genug. So existirt afz. wie nfz. das lat. Passiv. mit Ausnahme des Pc. Pf. nicht mehr, ebensowenig, wie das lat. Deponens, welches nur noch in sehr wenigen Fällen des Afz. erkennbar ist. Vom lat. Activum hat das Frz. das Plusquampf., Futur. I. (Das Afz. hat noch einen geringen Rest behalten) und Fut. II. eingebüsst; Impf. und Pf. des Conjunctiv sind gleichfalls untergegangen. Der Imperativ ist nur stückweis erhalten. Part. Pr. und Gerund sind der Bedeutung nach noch vorhanden, in der Form unterscheiden sie sich nicht mehr. Vom Supinum endlich ist in allen roman. Sprachen jede Spur verschwunden. — In der Umschreibung der erloschenen Verbalformen mit habere und esse steht das Afz. dem Nfz. völlig gleich (bis auf die schon erwähnten Ueberreste des alten lat. Fut. von esse). Was die Ersetzung des Conj. Impf. durch den lat. Conj. Plusquampf. betrifft, so finden sich in der alten Sprache noch Ueberreste, in welchen die Bedeutung des ursprünglichen Plusquampf. noch unzweifelhaft lebendig ist (s. die syntaktische Anmerkung zu v. 53). Grösser ist der Unterschied des Afz. vom Nfz. hinsichtlich der Verbalflexion. Hier entspricht die alte Sprache noch den Principien des Lautwandels, wie sie bei der Umbildung des Lat. in das Frz. thätig gewesen sind. Die moderne Sprache ist vielfach davon abgewichen. In ihrem Bestreben, scheinbar regelmässig zu sein und durch falsche Analogieen verleitet, hat sie vielfach unorganische Elemente in sich aufgenommen, die den alten Lautgesetzen zuwider laufen. (Cfr. z. B. die Inconsequenz der auslautenden Tenuis, das falsche Verfahren in Bezug auf die Diphthongierung der Laute im Stamm, je nachdem sie betont oder nicht betont sind u. a.)

Für die Verbalflexion des Afz. nun ergibt sich Folgendes:

A. Personalflexion. Die 1. Person Sing. sämmtlicher Tempora hat kein Personalsuffix. — Die 1. Pres. Ind. und Conj. endigt auf den blossen Stamm (s. die Ausnahmen unter den verschiedenen Conjugationen), in den übrigen Temporibus auf einen zur Tempus- oder Modusflexion gehörigen Buchstaben. Das Nfz. hat mit Ausnahme des Pres. und Pf. der I. sw und des Fut. aller Conjugationen überall ein s. Wo es afz. sich zeigt, ist es organisch, d. h. entweder stammhaft, oder das s des Ableitungssuffixes. — Die 2. P. endigt auf s. Geht ein stammauslautender Consonant vorher (wie t, d, v, nicht moull. m), so fällt letzterer aus. Nach d, t kann sich das s auch in z verwandeln. — Die 3. P. hatte ursprünglich überall ein t, welches indess schon weggelassen wird im Praes. Ind. der 1. sw., im Pf. aller sw. Conjugat. und im Pf. von estre (fu statt fut), endlich beim Fut. aller Conjugat. Nach betontem i fällt es mit Ausnahme der st. Conjug. ebenfalls aus. Stammauslautendes t, d, v, m fällt vor t aus, — Der Plur. ons, ez, nt wie im Nfz.

B. **Tempusflexion.** S. die einzelnen Conjugationen.
C. **Veränderungen innerhalb des Stammes.**

Es gilt im Afz. die Regel, alte Kürzen im Stamm vor einfacher Consonanz zu diphthongieren, sobald der Ton darauf fällt. Bei Längen geschieht dies selten, in Position bleiben auch die kurzen Vocale ungesteigert. **a** wird zu **ai**: j'aim - nous amons - il aiment; **e** zu **ie**: il griet - nous grevons; auch zu **ei**: meine - menons; **o** zu **ue, oe**: nous trovons - il truevent; zu **oi** (vor nasalem n): il doint - nous donons.

a. Hülfsverba.
avoir.

Praes. 1. ai 20, ei 971, e 898. 3. a 502, ait II. 10. Plur. 1. avons 1307. 2. avez 478, aveis IV. 13. 3. ont 17.
Impf. 1. avoie 124. 3. avoit 64. Plur. 3. avoient 1230.
Pf. 1. oi 1205, o III. 13. 3. ot 2103, oit 1304. Plur. 3. oront 396.
Fut. 3. aura 977, aurait (burg. für aura) VI. 30. Plur. auront 1075.
Conj. Praes. 3. ait 1216, oit 493. Plur. 3. aient 850.
Impf. 1. eusse III. 42. 3. eust 659. Plur. 3. eussent 1567.
Condit. 1. auroie 1345. 3. auroit 769. auroient 53.
Part. Pf. eu 2556. Inf. avoir 1076. Compos. ravoir. Pf. rot 466.

estre.

Praes. 1. sui 104, suis 2560, suiz 1052, seux II. 7. seus IV. 2. 2. ces 1180. 3. est 287. Plur. 1. somes 285, sommes 1179. 2. estes 711. 3. sont 130, son 2673.
Impf. 1. estoie 1426. 3. estoit 2501. Plur. 3. estoient 202.
Pf. 1. fui 1191. 3. fu 65 (reimt mit cru), fut 470. Plur. 3. furent 407.
Fut. I. 3. iert 522. II. 1. serai 1724. 3. sera 488, serait V. 39. Plur. 3. seront 186.
Conj. Praes. 1. soie 1515 3. soit 1312. Plur. 3. soient 975.

Impf. 1. fusse 1301, fuisse I. 14. 3. fust 344, fut III. 41. Plur. 3. fussent 1435.
Cond. 1. seroie 1351. 3. seroit 100. Plur. 1. serions 800. 3. seroient 1185.
Imperat. soies V. 26. Part. Pf. este 1196, ete 190, esteit V. 9. Inf. estre 110. Compos. restre 2150.

Was die Form suis mit einem s anbelangt, so ist sie jedenfalls späteren Ursprungs. Guiot hat nur die Form ohne s gebraucht, denn er lässt sui v. 316 mit dem Pron. lui reimen, welches niemals ein s haben konnte. Das unorganische s ist eine Zuthat des Abschreibers. Nach *Burguy* Gr. I. 271 stammt die Form suis aus Burgund und ist nach Analogie von puis (1. Praes. von pooir) gebildet. In den Chansons finden wir stets seux und seus.

b. Schwache Conjugationen.

I.

Praes. 1. cuit 125, membre 272, envoi I. 37, merveil 741, lo 1376, aim (eim) 1367, einseing 1334, truis 465. 3. apele 1440, troble 620, let, leit 2685, lesse 2068, esta (durch den Reim geschützt) 1903, giete 1422, aime 1359. Plur 3. lessent 1303, truevent 2447, aiment 231, loent 55.
Impf. 3. amoit 62. Pl 3. apeloient 56.
Pf. 1. cuidai I. 13. aimai (burgd. für amai) IV. 7. 3. mostra 1883. Plur. 3. garderent 48, mengiorent 1417.
Fut. 1. parlerai 27. 3. donra 2470, mosterra 34, ira 1850. Plur. 1. parlerons 575.
Conj. 1. oubli 583. 3. gart 23, griet 2217, consault 770, doingne 1190, doint 1785, amaint 2682.
Impf. 3. emportast 2688. Plur. 3. gardassent 2612.
Cond. 1. conteroie 1226, lairoie 1206. 3. donroit 1689. Plur. 1. amerions 1773.
Imperat. delivre 1182. Part. Praes. und Gerund. parlant 1530, estant 1678,

Part. Pf. ame 1757, letrez 2596. Inf. amer, ameir VI. 36.
Anomala. 1. aler, aleir VI. 45. Praes. 1. vois 2218.
3. vait IV. 40, vet 777, va 650. Plur. 3. vont 626.
Fut. 3. ira 1850. Cond. 1. iroie 1734. Imperat. vai
t'en IV. 33. Part. Pf. ale (heruntergekommen, entartet) 902.
2. laissier, laier 154 (letzteres vom goth. letan, laissier
von laxare). Praes. Sing. von laier. 1. les 154, leis 556.
3. let 535, leit 2685, auch lesse 2068. Plur. (von laissier)
3. lessent 1303. Pf. 1. lessai 1259. Cond. 1. lairoie 1395.
3. ester (stare) 556. Praes. 3. esta (: dura) 1903. (S.
Burguy I. 299) Gerund. en estant 1678. S. die Formen
estoie, este unter dem Hülfszeitwort estre. Das Composit.
rester conjugirt schwach. Pf. resta 1288.

Bemerkungen. Die Regel, dass die 1. Praes. Ind.
den blossen Stamm zeigt, ist streng innegehalten. Nur
wo ein e zur Stütze des Stammes diente (nach muta cum
liquida) wird davon abgewichen; je troble, je membre, je
blasme. — Ueber die Form truis mit s 465 anstatt truef
s. *Burguy* I. 311 sqq. — Auch der Conj. zeigt in der
1. und 3. Sing. den reinen Stamm. Unser Dichter ist darin
sehr correct. Er setzt das e nur, wenn Bedingungen eintreten, wie beim Ind. — Das Verb. doner zeigt im Praes.
Ind. Conj. verschiedene Formen — doins neben done —
Conj. doingne neben doint. das s in doinst ist aus euphonischen Gründen eingeschoben, wie wir es auch in aist 3. Conj.
IV. 5 (von aider) finden. Die Form doingne ist nach Analogie
von tiengne, moerge u. a. gebildet. — Im Fut. fällt das e
des Inf. nach r, l, n aus — donra 2470 für donera. Durch
Metathesis des r entsteht mosterra 34 aus mostrera. Die
Diphthongierung der stammbetonten Vocale findet nicht
immer statt, wo wir es der Regel nach erwarten sollten.
So in prover und trover, wovon sich nur einmal truevent
2447 findet. In troble 620 ist die Brechung durch mehrfache Consonanz aufgehalten.

II. a. (Reine Form).

Praes. 1. ment. 1828, oi 1994, hei (burg. für he) V. 13.
3. part. 1921, put 2610, affiert 1501, 1472, uevre 1471.

Plur. 3. englotent 837, servent 1284, gisent 1338, fuient 839.
Impf. mentoie etc. Pf. 1. parti 1256. 3. acompli 2258, oit 1886.
Fut. 3 purra 2392. Plur. orrons 579, 3. fuiront 1916.
Conj Praes. 1. mente 592, faille 592. 3. serve II. 24.
Impf. partisse etc. Cond. 1. sofferoie 1643. 3. orroit 2564.
Imperat. oiez III. 19. Part. Gerund. servant 1111, puant 1 Part. P. oi 617, menti 2625. Inf. mentir 909.

IIb. (Gemischte Form)

Praes. 3. porrist 2344, norrist 2345; Plur. 3. florissent I. 2, enplisent 1278. Impf. blandissoie etc. Conj. blandisse. Part. praes. blandissant. Die übrigen Formen stimmen mit IIa. überein.

Bemerkungen: a) Reine Form (Archaische Verba, d. h. solche, die für Neubildungen auf französischem Boden bedeutungslos sind). Zu dieser Klasse gehört eine beschränkte Anzahl von Verben. Wir zählen auf: dormir 1669, repentir 895, gesir 1236 (gisir), mentir 909, oir 864, ferir 1295, afferir 1501, partir 1187, departir 2010, sortir 920, hair 2084, issir 415, ovrir 598, covrir 41, descovrir 1471, soffrir 1390, vestir 1646, fuir 268, assaillir 798, puir 2610, englotir 770, servir 2086, deservir IV. 12, cremir 1015, sentir 2686, consentir 2605. — Die 1. P. Praes. Ind. zeigt den reinen Stamm (ment). Nur oir behält das ableitende i—oi. hair zeigt durchweg im Gegensatz zum Nfz. die reine Form: je he — nous haons — ils haent. — Das Perf. endigt auf i, eine Verschmelzung des Ableitungsvocals i mit der Endung i. Das v ist wie in der ersten Conjugation ausgestossen. Die 3. Pf. hat das t am Ende abgeworfen; nur oir hat oit 1886. Das Part. Pf. hat i. Nur ferir, issir, vestir folgen der 3. sw. (s. unten) und haben u: feru 129, vestu 1646. Die starke F. haben ovrir, covrir, offrir und soffrir mit dem Part. auf ert: covertes 1363, sofferte 2025. — Für das Fut. von oir ist zu bemerken, dass hier das i des Infinitivs ausgestossen, das r verdoppelt wird: orront 579. Aus soffrir wird mit Metathesis des r und

Abschwächung des i: sofferoie 1643. Das verb. faillir, fallir 554 (S. *Diez* Gr. II. 206) hat nur diese alleinige Form, während sich für das Nfz. noch eine besondere falloir daraus entwickelt hat. Praes. Ind. regelrecht il faut mit Vocalisirung des l 1266. Fut. faura und faurra 297. — Was die Diphthongirung des betonten Stammvocals betrifft, so verhält es sich hier wie bei der 1. Conj. covrir — Praes. je cuevre, il cuevrent. Part. covertes; ovrir — uevre, overtes.

b) Gemischte Form. Ihr gehört der bei weitem grösste Theil der Verba auf i r an. Wir zählen auf: acomplir 2258, acuivertir 213, afoletir 2030, blandir 1035, emplir 1278, enveillir 847, esbahir 104, joir II. 11, esjoir IV. 14, esmarrir 1286, establir 1924, fenir 1262 (Nbf. finer 2396), florir 47, garantir 1397, garir 225 (guerir IV. 3), honir 2638, languir I. 18, murtrir 751, norrir 2315, obeir 1961, pallir VI. 40, perir 2464, porrir 2344, ravir VI. 21, replanir 2258, roigir 2008, rostir 756, saixir IV. 13 (seisir 1572), trair VI. 33. — Diese Conjugation unterscheidet sich von der vorigen darin, dass sie im Praes. Ind. Conj., im Impf. Ind., im Imperat., im Part. Praes. und Gerund. die Silbe is (die lat. Ableitungssilbe isc) an den Stamm hängt. In den übrigen Formen steht sie jener gleich.

III.

Praes. 1. combat 1078. 3. pert 553, vent 2633, ront 1872, entent 1341, Pl. 3 perdent 853, vendent 614.

Impf. 3. vendoit 1936, Pl. 3 batoient 1563.

Pf. 3. rendi 2230, toli VI. 27.

Fut. Pl. 3. batront 292, perdront 1732.

Conj. Praes. 3. gronde 43, confonde 1292, atende 2419. Impf. rendisse etc.

Cond. 1. perdroie 125, atendroie 1720.

Part. Praes. vendant. Part. Pf. perdu 666, confondu 666.

Inf. batre 292.

Bemerkungen. Diese Conjugation (archaische Verba) ist von der 2. reinen nur durch den Infinitiv auf re und Part. auf u unterschieden. Im Pf. verliert sie ihren Charaktervocal und nimmt den der 2. an. Das t in der 3.

Pf. fällt ab. Wir theilen die hierher gehörigen Verba in verschiedene Gruppen: 1) die s. g. regelmässigen (s. die oben im Paradigma gegebenen). Wir zählen aus unserer Lectüre auf: amordre 1511, batre 292, abatre 1469, combatre 295, embatre 2151, deffendre 950, confondre 1292, enfondre 2571, estordre 1190, grondre 43, pendre 2559, despendre 254, perdre 1596, esperdre 367, rendre 14, desrendre 1065, repondre 1085 (respondere), rompre 1872, vendre 2633, revendre 968, atendre (ataindre, aitendre) 969, entendre 2427, tendre 1610, tondre 1223, toldre 206, vaincre 2114, – 2) a. naistre 542 (Praes. 3. naist II. 18, Pf. nasqui 338, nasquirent 228, Part. nce V. 18; b. sivre (ohne Belegstelle); c. vivre (Praes. vivent 841, Impf. vivoient 49, Fut. vivrai II. 35). — 3) Defectiva. braire (Praes. 3. bret 40, Pl. braient 1676), bruire 1597 (Praes. 3. bruit 974, Pl. bruient 2175). Compos. rebruire, Pr. rebruient 1066.

c. Starke Conjugationen.

Sie umfassen alle s. g. unregelmässigen und die s. g. regelmässigen der 3. Conjugation auf oir (arch. verba). Das Hauptunterscheidungsmerkmal der starken Conjugation von der schwachen liegt in der Bildung des Perf. Indessen ist der Unterschied im Afz. noch viel schärfer festgehalten, als im Nfz. Was die Bildungsmittel des Perf. betrifft, so ist im Afz. die Reduplication des Lat. aufgegeben, die drei anderen Hülfsmittel sind geblieben (Suffix i, si, ui [vi])· Wir unterscheiden demnach 3 Classen von starken Verbis: a. mit dem Suffix i im Pf. (lat. i), das in den stammbetonten Personen mit dem Stammvocal verschmilzt (vi) oder in c übergeht ·(vinc). In den flexionsbetonten Personen tritt es wieder hervor (tenis); b. im Pf. Suff. s (lat. si). Das i tritt in den flexionsbetonten Personen wieder hervor; c. Suff. ui (lat. vi, ui). Das i zeigt sich meist nur in der 1. Sing. Beim Zutritt des s fiel es aus. — In der 1. und 3. Sing., 3. Plur. haben die st. Verba im Gegensatz zu den sw. die Betonung auf der Stammsilbe, in den übrigen auf der Flexionssilbe. — Was die Participialform betrifft, so theilen sich die 3 Classen: a. in Part. auf u (lat. itus), b. Part. auf s (lat. sus, bisweilen itus), c. Part. auf t (lat. tus). Die 1. und 3. Classe hat vorzugsweise Part. auf u, die 2. auf s und t.

I. Classe.

1. faire, fere. Praes. 3. fait 1392, fet 200, feit 2684. Pl. 3. font 2060. Impf. 3. fesoit 1020. Pl. 3. fesoient 196, facoient 1562. Pf. 1. fiz 1095, fix VI. 32. 3. fist 749. Pl. 3. firent 542. Fut. 1. fere 606. 3. fera 243. Pl. 3. feront 1558. Conj. Praes. 3. face 481, faice IV. 29. Pl. 3. facent 1498. Impf. 3. feist 240. Pl. 3. feissent 1985. Cond. 1. feroie 1432, 3. feroit 2596. Pl. 3. feroient 1672. Part. Pf. fet 2067, fait 251. Composit. contrefaire 2367, deffaire 960, desconfire (Part. desconfiz) 1052, forfaire VI. 20, meffere 1096, parfait 1038.

2. tenir. Praes. 1. tieng 1159. 3. tient 528. Pl. 3. tienent 1745, tiennent 913. Impf. 1. tenoie 1997. Pl. 3. tenoient 2302. Pf. 3. tint 276. Pl. 3. tindrent 252. Fut. tenrai. Conj. Praes. 3. tiengne. 2604. Pl. 1. teignons 811. 3. tiengnent. Impf. tenisse. Cond. 1. tenroie 225. Imper. tien, tenez. Part. Pf. tenu 2193. Comp. retenir 2391, sostenir 1321.

3. venir. Praes. 3. vient 1034. Pl. 3. viennent 24, vienent 534. Pf. 3. vint 2261. Pl. 3. vindrent 2241. Fut. 3. covendra 834, covenra 984. Conj. Praes. 3. deviegnent 1089. Cond. venroit 1409. Part. Pf. venu 2004. Compos. avenir 2416, covenir 984, descovenir 2206, devenir 296, revenir 2618.

4. veoir. Praes. 1. voi 497, 3. voit 714. Pl. 2. veez 720. 3. voient 624. Impf. 1. veoie 226. Pf. 1 vi 348. 3. vit 382. Pl. 2. veistes 1992. 3. virent 372. Fut. verrez 1105. Conj. Praes. 1. voie 1514. 3. voie 1967. Pl. 3 voient. Impf. Pl. 3. veissent I. 7. Part. Praes. veu 1457. Comp. revoir 2452.

II. Classe.

1. **ardoir** 2211. Praes. 3. art 1489. Pl. 3 ardent 2460. Part. Praes. ardant 171. Part. Pf. ars 171.

2. **clorro** 808. Pc. close 796. Comp. declorre 797. Part. declos 810. enclorre. Part. enclos 1841.

3. **cuire**. Praes. 3. cuit 1484. Part. Pf. cuit, cuite 173, 2016 (Var.)

4. **d'estraindre** III. 30. Praes. 3. destraint II. 16. Part. Pf. destroit (adj. = affligé) 2471.

5. **destruire** 1596. Praes. 3 destruit 771. Plur. 3. destruient 2371. Pf 1. destruis (destruxi) 1094. Conj. Impf. 3. destruist (für destruisist) 780. Part. Pf. detruites 1058.

6. **dire** 585. Praes. 1. di 519. 3. dit 1080. dist IV. 15. Pl. 1 disons 888. 3. dient 1056. Pf. 1. dis. 3. dist 548. Pl. 3. distrent. Fut. dirai 564. Pl. 1. dirons 581. Conj. Praes. 1. die 1424. 3 die 1356. Imperat. di I. 38. Part. Praes. disant 1660. Part. Pf. dit 2385. Comp. desdire Praes. 3. desdist 2257. maudire 2201. medire Part. Subst. medixant II. 34. redire 571.

7. **escrire**. Part. Pf. escrit 495.

8. **estaindre**. Praes. 3. estaint 2383.

9. **joindre**. Praes. 3. joint 636. Part. Pf. jointe 727.

10. **luire** 1209. Praes. 3. luist 2381. Part. Praes. luisant 1546.

11. **maindre**. Praes. maint II. 31. Comp. remaindre Praes. 3. remaint 2382.

12. **metre** 1778. Praes. 3. met 39. Pl. 3. metent 640. Pf. 3. mist 549. Pl. 3. mistrent 1573. Fut. metra 35. Conj. Praes. 3. mete 1783. Impf. 3. meist 734. Cond. metroit 1322. Part. Pf. mis 1905. Comp. prometre. Pf. 3. promistrent 1668. entremetre 1408.

13. **ocire**, ocirre 1421. Praes. 1. oci IV. 4. 3. ocit 989. ocist II. 9. Pl. 2. ociez 664, occicis V. 29. 3. ocient 2550. Perf. 3. ocist 754. Fut. 2. ociras 663. Imperat. ocies V. 25. Part. Pf. ocis 1724.

14. oindre 2007.
15. plaindre, pleindre III. 33. Praes. 1. pleing 154. 3. plaint II. 22. Pl. 3. plaingnent 1549. Conj. 1. plaigne VI. 12.
16. poindre 3. Praes. 3. point 737. Cmp. espoindre 732.
17. prendre, panre, penre, pranre. Praes. 3. prent 535. Pl. 3. prennent 2445. Pf. 3 prist 2256. Conj. Praes. 3. praingne 2075. Impf. preissent 92. Part. Pf. pris 2611. Comp. apenre, aprenre 2515. entreprendre Part. entrepris 1189. esprendre 2211. Conj. espraigne VI. 19. mesprendre, Part. Pf. mespris 1389. reprendre, Praes. 1. repreing (: enseing) 1441. sorprendre 1603.
18. querre. Praes. 1. quier V. 7. 3. quiert 260. Pl. 3. quierent 261. Compos. acquierent 1499. conquerre, Pf. 3 conquist 1938. Part. Praes. conquerant 2031. Part. Pf. conquis 752. enquerre 1410. requerre 996.
19. repondre, respondre (reponere) 835. Praes. 3. reponent 266. Part. Pf. repostes 2578.
20. rire VI. 41. Praes. 3. rit 2116.
21. semondre. Praes. 3. semonent 1399.
22. seoir, seir. Praes. 3. siet 1703. Comp. asseoir, Part. Pf. assiz 1636, assises 1145 (niedergebückt.)
23. soduire. Part. Praes. soduiant 1933.
24. sordre. Praes. 3. sordent 773. Comp. resordre Praes. 3. resort 1491.
25. taindre. Part. taint (pailli) VI. 40.
26. traire 544. Praes. 3. trait 2214. Pl. 3. traient 2058. Pf. 3. traist VI. 28. Conj. traice IV. 36. Part. Pf. traite 2017. Comp. atraire 1414. contraire Part. contrait 1948. destraire 1120. retraire, retrere 1980.

III. Classe.

1. avoir und Comp. ravoir, s. oben Hülfszeitwort.
2. boivre 1687. Praes. 3. boivent 1273. Comp. sorboivre 845.

3. chaloir. Praes. 3. chaut 2486.

4. cheoir 716. Praes. 3. chiet 2216. Pl. chient (für chieent) 719. Fut. chierra 1090. Comp. decheoir. Praes. dechieent 552.

5. cognoistre, conoistre, quenoistre. Praes. 3. connoist 988, cognoist IV. 16. Pl. 1. connoissons 1176. 3. quenoissent 2288. Part. Praes. quenoissant 121. Part. Pf. conneue 2115. Comp. requenoistre 2233.

6. corre. Praes. 3. cort 247. Comp. secorre. Conj. 3. sequeure (Umlaut von o zu eu) 1733.

7. croire 1951. Praes. 1. croi 26. 3. croit 761. Pl. 3. croient 169. Conj. croie 2319. Impf. Ind. creoit 62. Comp. mescroire 928. Pf. 3. mescrut 1888. recroire. Conj. 3. recroie II. 25.

8. croistre 2665. Praes. 3. croist 1043.

9. apercoivre. Praes. 3. apercoivent 872. decoivre, desoivre 2074. Praes. 3. decoit 1389. Impf. decevoit 1937. Part. Pf. deceu 1179. recoivre, Part. receu 2005.

10. devoir. Praes. 1. doi III. 8. 3. doit 260. Pl. 1. devons 1393. 3. doivent 1859. Conj. 3. doie 29. Impf. 3. deust 693. Pl. 3. deussent 2435. Fut. devra 679. Cond. devroit 1915.

11. doloir. Praes. 1. duel I. 4.

12. estovoir. Praes. 3. estuet (impers.) 1659.

13. lire 944. Impf. 3. lisoient 2300.

14. morir 1403. Praes. 1. mur (für muir) V. 21. Fut. morai IV. 6. Pl. 3. moront II. 34. Part. Pf. mors 1741.

15. movoir 791. Praes. 3. muet 10. Comp. removoir Praes. 3. removent (ohne Umlaut) 629.

16. nuire 1612.

17. paroir. Praes. 3. pert 1914.

18. pestre 2596. Part. Pf. peu (nourri) 1647.

19. plere, plaire. Praes. 3. plest 1053, plaist II. 7. Conj. 3. place 1515. Fut. 3. pleront 587. Comp. desplere 1856.

20. pooir. Praes. 1. puis 377. puex I. 33. 3. puet 550. Pl. 2. poez 298 (Var.), 3. pueent 794. Conj. 1. puisse 415 (?). Pl. 3. puissent 545. Impf. 1. pooie 1397. Conj. 1. peusse 2141. 3. peust III. 32. Pl. 3. peussent 826 Pf. 3. pot 2109. Fut. 3. porrait (bgd. für porra) I. 42. Pl. 1. porrons 1125. 3. porront 16. Cond. 1. porroie 1634, poroie III. 22. Comp. repooir 1300. 21. savoir 298. Praes. 1. sai 939. 3. set 269. Pl. 1. savons 547. 3. sevent 817. Cond. 1. saiche 1514. 3. sache 576. Pl. 3. sachent 1761. Impf. 3. savoit 2410. Pl. 3. savoient 194. Pf. 3. sot 2118. Pl. 3. sorent 1522. Fut. sauront 835. Cond. 1. sauroie 1431. Imper. sachiez 2283. Part. Pf. seu 751. Comp. resavoir 1450. 22. soloir. Praes. 1. sueil 1367. Impf. soloient 2298. 23. valoir. Praes 3. valt 1869, vaut 917. Pl. 3. valent 685. Fut. 3. vaurra 2401. Pl. 3. vaurront 981. Cond. vaudroient 173. Part. Pf. valut II. 31. 24. voloir. Praes. 1. vuel 256, vueil 886, 3. velt 536, veult II. 5. Pl. 3 vuelent 1111, vueilent 2469, vuellent 2462, vueillent 946. Impf. voloient 1430. Conj. Impf. 1. volsisse 623, vosisse III. 38. 3. vosist III. 30. Pl 3. volsissent 2552, vossissent 90. Fut. voldra 887, voudra 1847. Cond. voldroie II. 12, vodroie 303, vorroit 2132, voudroit 1310.

D. Syntax.

Wir beschränken uns darauf, die wesentlichsten Punkte der afz. Syntax und ihre Abweichungen vom Nfz., soweit sie aus Guiot's Lectüre ersichtlich sind, in Form von Anmerkungen hervorzuheben, die sich am bequemsten nach der laufenden Versordnung gruppiren lassen.

v. 50. *Hardi furent comme lyon De bien dire et de bien mostrer Et des malvais vices blasmer.* Hier eine Verschmelzung der zum Infinitiv gehörigen Praep. de mit dem

Artikel des von ihm abhängigen vorangestellten Nomens les zu des. Diese Erscheinung findet sich bei G. mehrmals. v. 252: Les Cors tindrent li ancessor Et as festes firent honor De biau despendre et de doner Et des chevaliers anorer = Et de les Chevaliers anorer; v. 2440: Cil seignor vont il a Boloingne as lois por les cors maintenir. Hier die Praep. a mit les zu as verschmolzen. Cfr. *Wace's* Nicholas ed. Delius 841: Son fil comanda de la mer Prendre el hanap as meins laver (a les m. l.). Cfr. *Li dis de le pasque* (H. A. XXVI. p. 288): S'au bien faire voulons entendre. — *Li dis du vrai aniel* ed. Tobler v. 5: Se sont congoi Dou bien oir (S. die Anmerkung dazu). *Chev. au Lyon* 163: Car cil le puet au son oir Prendre et anclorre et retenir.

v. 52: *S'il éussent creance et loy En nules gens n'ot tant de foi.* »Wenn sie (die Philosophen des Alterthums) Glaube und Gesetz gehabt hätten, so hätte etc.« Das Impf. des Conjunctivs hat noch vielfach die Bedeutung des lat. Tempus, aus welchem es dem Buchstaben nach hervorgegangen ist. Namentlich gilt dies für den Bedingungssatz, bei welchem das einfache Tempus sich häufig für das umschriebene einfindet (*Diez* III. 302, 326). So v. 90—92: Les vosissent toz avoir morz; Il nes ossassent pas veoir etc. — v. 1613: Nuns ne les peust miex destruire Si com il meismes se sont; v. 1924: S'il maintenissent lor mestier, Nul meillor Ordre ne vi. Cfr. *Wace's* Nichol. 1111: Mes pas ne 'l sout ne ne 'l senti Que il eust este oscis Ne que il fust el tonel mis (ne que il eust este mis). — *Chanson de Rol.* III. 218: La veissez si grant dulor de gent. — Dass für den bedingten Satztheil des hypothetischen Satzes wie oben v. 54: En nules genz n'ot tant de foi das Passé déf. gebraucht wird, um auszudrücken, dass die Wirklichkeit eines Ereignisses durch die Möglichkeit eines andern bedingt war, ist afz. nicht selten. Nfz. würde in diesem Falle nach der Regel das Plusqu. Conj. gesetzt werden: Je fusse venu, si j'eusse eu la temps.

v. 100: *Qui entendre Voldroit et lor moz et lor diz, Il ne seroit ja desconfis.* Das Personalpronomen hat im Afz. vielfach demonstrative Kraft. Als solches kann es im Vordersatze wie im Nachsatze auf ein substant. Relat. hinweisen = nfz. celui qui (*Dies* lit. 342). So v. 890: Sor lui les devroit il bien prendre Qui sot sor lui rien a reprendre. — Abundirend tritt es an die Spitze des Nachsatzes, wenn im Vordersatze schon ein Demonstrativpronomen dem Relativ. vorausgegangen ist. So v. 2105: Cil qui miex la cuide aguetier Il pert le sens et la veue. Dieselbe Stelle vertritt im negativen Sinne nuls mit vorausgegangenem cil qui, v. 2130: Cil qui maus s'en cuide garder Nuls ne s'en porroit desevrer, d. h. Niemand, wollte er sich vor ihr retten, könnte sich von ihr los machen.

v. 159. *Qui bien nos voldroit jugier touz Si com je sai et com je croi Ja n'en eschaperoient troi etc.* Hier ist qui im Sinne von si uns (si quis) gesetzt zur Einleitung eines hypothetischen Vordersatzes. So v. 614: Comme qui giteroit rubiz Entre porz ou entre berbiz — wie wenn Einer werfen wollte; v. 2290, 91: C'est li ars qui l'ame corone, Qui sa vie et son cuer i done — wenn Einer ihr sein Leben und sein Herz weiht. Cfr. *Li dis d. v. aniel* v. 10, 11: Je ne sai si grant richete Com de grant sens, ki bien en use. Ibid. V. 15: Loiaute, ki raison demande — in den Augen dessen, der frägt (S. die Anmerk. dazu p. 23). Cfr. noch Iwein (mhd.) v. 1219: gerne, der mirs git.

v. 304. *Quant moi remembre des Barons.* Die absoluten Formen der Pronomina pers. werden afz. noch willkührlich für die conjunctiven verwendet, nicht aber umgekehrt. cfr. v. 2563: Moi covint soffrir; 2134: Quant moi membre de Salemon; III. 39: sans moy greveir; v. 2478: Une tempeste d'aus oir (de les oir). Cfr. *Wace's* Brut. (*Bartsch* afz. Chrest. Col. 90, 26): deust moi de plus amer. Ibid. (Col. 90, 28): por moi losengier lo faisoit. — *Wace's* Nichol. 1271: Qant a toi servir estions. Ibid. 915: Traist soi arere, si 'l lessa. Oft soll das Pronomen durch die betonte Form nachdrücklich hervorgehoben werden wie v. 1844: Lui ne peut il mie guiler. Im Nfz. haben sich die betonten Fürwörter moi und toi anstatt der unbetonten noch beim bejahten Imperativ erhalten (*Diez* III. 49).

v. 322. *Et qui refu li Rois Richars!* Die Verwendung der tonlosen Partikel re in Zusammensetzung mit Verben namentlich mit estre, ist im Afz. sehr gewöhnlich. Man kann es eben mit jedem Verbum zusammensetzen, und es hat dann meist die Bedeutung von »hinwiederum, auch dagegen, noch = à son tour, encore, aussi«. Cfr. v. 332: Qui refu Marquis de Boloigne! — v. 1533: Pou les entendent cil de la Et cil resont sauvaige ca — und diese hinwiederum etc. — v. 2150: Se ge longnement emparol Je reserai por fox tenu — so werde auch ich meinerseits für einen Thoren gehalten werden; v. 2509: Et si rai-je oi conter — und so hörte auch ich erzählen; redoner = doner en revanche, à son tour, v. 204: Et li Princes lor redonoient Les biax dons; revoir = auch sehen, v. 380: La outre entre les Gascons Revi un Bernart d'Armagnac. In der Bedeutung von »wieder, zurück« findet sich re auch hierin dem Nfz. näher stehend. v. 2647: En lor conseil se reconfortent; v. 1190: Qu'a poine m'en repuis estordre. Cfr. *Chev. au Lyon* 1834: Li jor sont lonc, mes dites li, Que demain au soir recoit ci.

v. 366. *Mes ses Princes ai gie veuz*. Im Afz. congruiert das Part. gewöhnlich mit dem Accusativobject bei jeder Stellung des letzteren. Doch herrscht hierin keine bindende Regel. Zu obigem Beispiel, dass ein Part., wenn es dem Object nachfolgt, flectirt wird, wie es im Nfz. Regel ist, lassen sich unzählige andere anführen. Doch finden auch Ausnahmen statt. v. 477: Hai Champaigne, ques Barons avez perdu en pou de tens; v. 1859: Hospitalite promis ont. Einmal da, wo der Objectsaccusativ ein Relativum ist, III. 7: L'esperance c'amors ait mis en moy.

In v. 638: Puis c'une aguille i ont touchie (: couchie) ist touchie sicherlich [die weibliche Form, welche aus touchiee mit Verschlingung des ersteren e in i zu touchie gekürzt ist (dasselbe in couchie). Cfr. dieselbe Verschlingung des e in abessie = abessiee v. 766; rooingnie = rooingniee 2196; chient = chieent 719. — Zu beachten, dass bei G. das Part. in den zusammengesetzten Zeiten eines Reflexivums stets im Nominat., nicht im Accs. steht. v. 1368: Amende se sont en Englise; v. 569: Coment il se resont prove (: Premonstre); v. 1589: En pou de tens se sont destruit; v. 2151: Mes puisque m'i sui embatuz (: tenuz). Es wirkt in diesem Falle der ursprüngliche dativische Bezug des Personalpronomens nach. Cfr. *Le dis d. v. an.* 231: Rale s'en sont en lor pais. — Sehr gern flectirt das Afz. das Part., auch wenn es dem Object vorausgeht. v. 1256: Or ai perdue joie et vie; v. 1142: por qoi tolues les nos ont; v. 1144: En lieu de ces trois nos ont mises Trois vielles; v. 1235: O cimetiere ont il fetes les soz. Häufig ist das Object ein invertiertes Substantiv. v. 1456: Ont il lor Ordre tenue. v. 2385: Qant il ont les paroles dites. Cfr. *Chev. au Lyon* 407: Q'il i ot la voie mostree. *Villehard B. C.* 217, 4: Seigneur nos avons ceste vile conquise. *Lafontaine* Fabl. XII. 15: Sur le portail j'aurais ces mots écrits. — Die Fälle, wo das Part. bei nachfolgendem Object nicht flectiert wird, sind natürlich ebenso zahlreich. v. 208: Cil prince nos ont fet la figue; v. 1941: Puis ont trove maint autre guile u. a.

v. 381. *Des le tens Lancelot do Lac Ne vit en un Baron plus preu.* Es ist afz. Sprachgebrauch, den Cs. obl. im Sinne eines possess. Genit. zu verwenden, wenn es sich um Personen oder um Appellativa, welche persönliche Begriffe bezeichnen, handelt. Die Beispiele davon häufen sich bei unserm Dichter. v. 945: En l'onor Jhesu nostre Sire; v. 1024: Li paroles Deu; v. 1020: Le fiz le Roi; v. 1406: Li disciple Jhesucrist; v. 2265: Dou pechie nostre pere Adam; v. 1391: Saint Benooit la

droite ligne; v. 2365: De le tens nostre pere Adam; v. 1409:
De par Deu (cfr. *Beranger's* Chans. p. 576 ed. Bruxelles 1854:
De par le Roi payez dix mille francs); I. 41: la loiaulteit
Tristan; II. 29: per deu amors. In autrui (aus alterius)
ist der alte Genitivbezug noch gesichert. v. 1308: Ne n'avons
d'autrui chose envie; v. 2349: Les autrui proesces haste;
v. 1295: en autrui terre. Die oblique Form des Relativ.
cui für de cui v. 1954: Au Seignor en cui terre il sont. —
Einmal vertritt der Cs. obl. auch den qualitativen Genitiv
v. 966: Provendes Eglises achatent. — Das possessive Verhältniss kann auch durch die Prep. a ausgedrückt werden,
selbst nach einem Nomen. v. 1111 (Var.): Qui vuelent
estre a Deu servant. — Die blosse Form des Cs. obl. im
Sinne eines Dat., namentlich bei Pronominibus finden wir
an folgenden Stellen, v. 481: Or face Dex voire merci touz
ceuls; v. 508: Celui qui le despent est il; v. 947: Bien en
doivent Deu grace rendre; v. 1515: Ja Dieu ne place, u. a.

v. 474. *Meillor Chevalier n'avoit de lui.* Der Gegenstand, mit dem ein Subject verglichen wird, kann im Afz.
bei gemeinschaftlichem Verbum auch mit der Prep. de bezeichnet werden (*Diez* III. 364 sqq.) Cfr. *Wace's* Brut. B.
C. 83, 34: Que plus cher des altres l'eust. *Chans. de Rol.*
II. 90: N'avez barun qui mielz de lui la facet; *Chev. au
Lyon:* Que je fui plus petiz de lui; *Li dis d. v. aniel* 85:
pour che que mieus L'amoit li peres de ses fieus; *L'atre
perill.* 14, 10: Sous ciel n'eust plus bel de lui. Der modernen Sprache ist die Preposition de in Comparativsätzen
nur in dem Falle verblieben, wenn nicht zwei Gegenstände
verglichen, sondern wenn nur dem einem Gegenstande beigelegten Zahlbegriffe etwas zugesetzt oder abgezogen werden
soll. Il a plus de dix ans — nous étions moint de vingt,
dagegen: Quatre yeux voient plus que deux.

v. 475. *Hai, Champagne, ques Barons Avez perdu
en pou de tens.* Hier steht nach einem Ländernamen in
der Anrede das Verbum im Plural. In den Begriff Cham-

pagne mischt sich leicht die Vorstellung der Vielheit, daher ist der Uebergang zur Pluralform des Praedicats nicht auffallend. Der Dichter redet mit dem Ausdruck Champagne die Bewohner oder die Ritterschaft des Landes an. — v. 711 heisst es: Corz de Rome, com estes toute Plaine de pechiez criminax! Il n'est nulle tant desloiax. Man könnte hier auch an den Plur. reverentiae denken, der im Afz. auch auf personificirte Gegenstände häufig Anwendung fand (*Dies* III. 51). Dafür spricht auch an obiger Stelle die logische Uebereinstimmung des Adjectivs pleine mit dem Genus und Numerus von corz, dem angeredeten Gegenstande.

v. 521. *Molt assemble et pou exploite, Et com plus a, et plus covoite.* Die afz. Sprache liebt es, die Correspondenzstellung zweier Quantitätsadverbia parataktisch durch ein et im Nachsatz zu ermitteln. Nfz. ist das noch gestattet, wenn die Gleichstellung zweier Comparativa einfach durch plus - plus hervorgehoben wird. Cfr. *Molière* Misanthrop. V. 2 : Mais plus d'amusement, et plus d'incertitude. *Racine* Athal. I. 1 : Croyez moi, plus j'y pense, et moins je puis douter. Das Afz. dehnt diese Eigenthümlichkeit auch auf bestimmte Intensiva wie tant - tant (quant - tant) aus. So *Wace* Brut. B. C. 84, 19: Tant as, tant vax et jo tant t'aim.

v. 523. *N'onques Diables n'ot asses* (Var.) Appellativa, welche persönliche Begriffe bezeichnen, pflegen den Artikel nicht zu haben. Zu obigem Beispiel kommen noch weitere hinzu. v. 1389: einsinc decoit Deables la gent et engigne v. 542: deable firent tot cels neste. v. 659: Que ja pooir n'eust deables. Cfr. *Wace* Nichol. 1149: tant vet diables plus entor. Ibid. 1226: Molt par est diables voisus. *Pass. du Chr.* 26, 2: diables ven enz en sa gola; Leodegar 22, 2: Et a diable commandat. Ebenso vor anemis (Erbfeind, Teufel). v. 1602: bien voi q'anemis et pechiez etc. Dem Begriffe Gottes (Dex, Dame - Dex) in der Bedeutung des höchsten Wesens, wird der Artikel niemals beigegeben. Belege dafür sind überflüssig. Auch vor Sires

et chies 1108, Sire et mestre (Jhesucriz) 1182 fehlt er.
Ebenso wird er unterdrückt vor Abstractis, denen der Begriff
allegorischer Persönlichkeiten untergelegt wird. So vor
Charite 1805, 1828, Foy et Charite 1882, vor Pechiez
1602, hypocrisie 1470, pitie II. 53, Traison 2328, amors
II. 5. Vor Eglise, v. 1368: Amende se sont en Eglise,
v. 996: Haute Eglyse requiert hautesce. Vor Paradis,
v. 937: Soef conquierent Paradis; v. 1343: Ne voldroie
estre touz souz en Paradis. Vor Crestiente, v. 665: Crestientez
a pris son tour. Zuweilen auch vor Gattungsbegriffen im
collectiven Sinne. v. 182: Et Chevalier sont esperdu. v.
213: Chevalier sont acuiverti. Vor Thiernamen, v. 50:
Hardi furent come lyon; v. 2442: Plus les en voi jenglos
venir Que n'est estorniax en juiole. Cfr. das Thierbuch des
Philippe de Thaun. B. C. 73, 20: Monoceros est beste etc.
Wir finden auch den Artikel unterdrückt vor den kanonischen
Ausdrücken der einzelnen Tagesabtheilungen. v. 575: Et
des Convers de Saint Antoine Parlerons certes jusqu'a none.
Cfr. *Wace* Rou. B. C. 96, 3: Desque tierce del jor entra.
Ibid. 96, 5: De sique none trespassa. So vor Bezeichnungen
von wissenschaftlichen Disciplinen v. 2142 sqq : Ice aprent
Astronomie, Nigromance — Et ars de lois et de fisique etc.
Vor Bezeichnungen des Standes und der Herkunft, V. 33:
Chansons, nai t'ent tout droit a Mascoignois. So vor Saint
in Verbindung mit einem Nomen proprium, v. 755: Et
puis Seint Pol, enpres Saint Pere Et Saint Lorenz i fu
rostiz; v. 2249: Et Sainte Foy et Sainte Elene. In stehenden
geographischen Ausdrücken, wie outre mer 351, 1793, deca
mer 1813. In sprüchwörtlichen Verbindungen wie v. 2448:
En trait de miniere l'argent, v. 598: ovrir cuer et cors
u. a. — Himmel und Erde und Wasser können auch des
Artikels entrathen. v. 2087: En ciel et en terre; v. 2508:
Aigue douce torne a amer. — Dasselbe ist der Fall bei
einer grossen Anzahl von Redensarten, bei denen sich das
Verbum mit dem Substantiv zu einem einheitlichen Begriffe

verbindet. Dahin gehören: accomplir voloir 2609, avoir nom 1138, avoir cuer 895, avoir cure 1141, avoir duel 2118, avoir garde 649, avoir envie 1378, avoir aise 1076, avoir poor 1567, avoir mestier 769, avoir pitie 1102, avoir pardon 1887, avoir merite 2236, avoir raison et droit 62, dire verte 561, dire reson 594, dire menconge 588, doner esperance 2243, doner essample 4, doner conseil 2645, entendre raixon IV. 20, faire abstinence 1404, faire bourse 1710, faire chanson VI. 8, faire demoree V. 14, faire confort 2684, faire cuisine 1451, faire grant honte 263, faire deniers 2050, faire avoir 1386, faire esploit 2485, faire baing 2537, faire honor 240, faire hospitalite 1833, faire huevre 220, faire merci 481, faire pechie 512, faire pardon IV. 29, faire tailles 1250, garder droiture 2415, porter corone 695, porter fruit 2494, porter foi I. 40, prendre sur lui blasme 38, penre congie 1429, prendre justice 270, rendre grace 947, rendre raison 1064, tenir Cors 251, tenir covent 1739, tenir Ordre 1640, tenir escoles 2302, tenir silence 1517, maintenir huevre 1014, tenir reson 816, soffrir penitance III. 8, soffrir painne 1865, soffrir ennui 1643, trouver tesche 2568. Personennamen haben selbstverständlich keinen Artikel. Nur einmal v. 2230 finden wir la Magdalene, woselbst la eine besondere demonstrative Kraft zu haben scheint = die bewusste, heilige Magdalena.

v. 526. *Cuident espoir que Dex ne voie.* Das Afz. begnügt sich mit der halben Negat. ne (lat. non), wo das Nfz. einer Verstärkung (pas, point etc.) nicht entrathen kann. v. 559: Ja de ce ne me quier celer. Der Beispiele sind unzählige. Auch die volle Form non (in Verbindung mit Verben) lebt noch im Afz. fort, indess nur bei faire als verb. vicarium (*Diez* III. 401). Davon ein Beispiel v. 1936: Et les seignauz au piz donna, Donna? non fist, ainz les vendoit. Die Form nen, die sonst vor vocal. anhebenden Formen von avoir und estre gebraucht wurde, findet sich bei Guiot nicht mehr. Dafür ist der Gebrauch von Füllwörtern, wie pas, mie, point, goute, rien, guaires schon ganz gewöhnlich. Die Stellung derselben ist im Ganzen der im Nfz. gleich; öfters treten sie auch vor die einfache Neg. So v. 1032: Entre les gens qui pas ne croient, v. 2659: Les huevres pas ne se semblent, v. 1537: Guaires n'amendent etc. Das Verb. kann auch von der 2. Negat. durch ein Adv. getrennt werden. v. 1908: n'est ore mie. Alle jene Füllwörter sind indess noch nicht wie im Nfr. zu blossen Ergänzungen der einfachen abstracten Negation herabgesunken, sondern bewahren noch meist ihre concrete Bedeutung mit sinnlicher Anschauung. Cfr. v. 1257: De loiaulte n'i laissai point — liess ich dort keinen Stich, keinen Deut. Andre Verstärkungen von ne finden sich v. 2071: Il ne prisent mie deux billes »nicht 2 Kugeln« für das abstracte »gar nichts«; v. 1936: N'en iert une maaille mise de tout l'avoir, nicht ein Heller. Einmal vertritt ne - rien die Stelle von einfachem ne, v. 1735: Tot ce ne me greveroit rien. — Bemerkenswerth ist namentlich noch der Gebrauch der doppelten Negation ne - ne und nicht, noch = lat. nec non. Es kann dieselbe nur stehen in Sätzen mit verbis finitis. v. 1035: Icel ne blandis ne ne dout; v. 1008: Ne doivent avoir nul domage ne n'ont il; v. 2548: De grant enui n'il n'est mestiers. Dagegen v. 861: Il ne dotent Deu ne pechie. Zuweilen finden wir et in negat. Sätzen für ne und ne ne. v. 2439: Qui n'ont et paor et vergoigne. v. 1423: Dont il n' a aide et confort. Für ne ne v. 258: Se il ne donent Et les festes les en semonent etc. Umgekehrt steht ne für et in affirmativem Satze, v. 2473: li loiers ne la symonie, v. 1840: Ne qui guiler le cuide au loing; v. 1114: Li Cloistrier furent ainz Seignor Que li Abbe ne li Prior. Hier erklärt sich das ne vielleicht aus dem vorangegangenen Comparativsatze. — Was die volle Form non betrifft, so steht sie oft in Verbindung mit se (wenn) nach einem negat. Satze (lat. non nisi). v. 2580: N'i a se vilonie non; IV. 32: Ma dame n'i entent se bien non = fors bien. Cfr. *Wace* Nichol.

1186: N'i remest si li emfes non. *Ch. de Geste von Aubery* 8, 3: Ains d'escremir ne vint jor se mal non. — *L'atre perill.* 9, 10: Car ne vous demant se lui non. v. 548. *Que nostres Sires le nous dist.* Im Nfz. ist es Regel, dass das Pron. person. der 3. Person immer zunächst dem Verbum steht (davor oder dahinter). Im Afz. gilt dies nicht. Wir finden bei Guiot die Accusative le, la, les stets dem Dativ vorangehen. So an obiger Stelle. Ferner v. 1998: Qant on le me conta; v. 2682: Qu'en le m'amaint; v. 1142: Por qoi tolues les nos ont; v. 1655: jel vos afi; v. 1430: S'il nou (ne le) me voloient doner. Cfr. *Li dis d. v. aniel* 223: mes peres le me dona. *Rom. de Rou.* B. C. 93, 12: s'il vos plaist, le me rendes.

v. 556. *Ce leis ester, si tornerai A ce que je propose ai.* Das Afz. gebraucht als anreihendes Bindewort ausser et auch s i (sic), sei es für sich bestehend oder in Verbindung mit et (et, si, et si) zur einfachen Anreihung von Sätzen, gleichviel ob das Subj. der durch dieselben verbundenen Satzglieder dasselbe oder ein verschiedenes ist (*Mätzner* Gr. 552. Syntax II. 47.) Cfr. v. 716: Cheoir devons et si corper etc. Weitere Beispiele aus dem Leben des heil. Nicholas, v. 834: Od autre gent entra en mier, Si comencerent a sigler; ibid. v. 955: Les mestres clers tuz assembla, Si lor mustra; ibid. v. 533: Jo sui, ceo dist, saint Nicholas, E si sui evesques de Mirre; ibid. v. 913: E le hanap qu'en sa mein tint Sor l'autiel mist e si 'l beisa. Eigenthümlicher ist der Sprachgebrauch des Afz., dieselben Partikeln, allein oder nebeneinander stehend, in adversativer Beiordnung zur Beschränkung eines vorangehenden Gliedes zu verwenden, wo das Nfz. ein toutefois, néanmoins setzt. Solcher Fälle, deren in einer Anmerkung zum echten Ring (ed. Tobler) p. 28 eine grössere Anzahl aus dem *Chev. au Lyon* verzeichnet sind, lassen sich aus Guiot noch weitere anführen. v. 1314—16: Ne veez vos de blanz Abbez Qui porchacent les Evesquez, Et s'en ont fet un Chardonal?

v. 1376: Il ont assez et si ont po — und dennoch besitzen sie wenig; II. 18: Et si n'en ai pais tant com je uoldroie; I. 21: Et ades ma mort uoi Et se (si) ne puis morir; v. 1754: Et Dex ne het nul vice tant; v. 2344, 45: Ele se gaste et se porrist, Et les cortis mont bien norrist. Cfr. *Chev. au L.* 885: Et si ne la parpuet ataindre. *Wace* Nichol. 339: Tot l'an en eurent a plente Et s'en eurent assez seme. Zum Schluss mögen hier noch die Fälle Erwähnung finden, wo die Partikeln et und si im Sinne von lat. etiam gebraucht sind. So v. 179: Si voi je des autres assez. v. 182: Et Chevaliers sont esperdu; v. 260, 261: La Corz quiert bien ce qu'en li doit, Et les festes quierent lor droit; v. 561: Et des autres verte dirai; v. 1584: Furent certes et de grant pris; v. 1790: Et lor hardement lor otroi.

v. 559. *Ja de ce ne me quier celer.* Die Stellung der conjunctiven Personalpronomen beim regierenden Verbum in Verbindung mit einem Infinitiv ist im Afz. geregelter als im Nfz. In der alten Sprache ist es Regel, das Pron. zum verb. regens, nicht zum Infinit. zu setzen, von dem es abhängt. Cfr. v. 865: Il ne se pueent covrir statt il ne pueent se covrir; v. 1445: Ainsinc com je le cuit savoir; v. 1811: Li nons les devroit esveillier; v. 1387. Je lor vueil faire savoir; v. 2089: La le doit l'en aler proier u. a. Nur einmal finden wir v. 1840: Qui guiler le cuide. Ebenso verhält es sich mit den Partikeln en und y. v. 1311: tost nos en porroit delivrer; v. 1754: que g'en puis dire; v. 1008: N'i doivent avoir nul domage. Ueber die schwankende Stellung des Nfz. s. *Diez* III. 435.

v. 601. *Merveille est que Dex n'est iroux.* Der Gebrauch des Ind. und Conj. ist im Afz. noch nicht genau fixirt. Heutzutage wird der Conj. gesetzt, wenn, wie in obigem Falle, es sich um einen Subjectsatz handelt, dem ein unpersönlicher Satz vorangeht, und wenn der Nebensatz nicht sowohl den Inhalt einer Thatsache, als den Gegenstand der Reflexion oder des Affects bezeichnen soll, welcher im Praed. des unpersönlichen Satzes ausgedrückt wird (*Mätzner* G. 387). Cfr. v. 1175: [c' est une trop grant merveille Que nos conoissons; v. 740: Grant pechiez est, qu'il na conseil. Cfr. *Le dis d. v. aniel* v. 136: drois est que compere (für compert). Dagegen ibid. 196: bien est drois k'il pere (Conj.) Nach il est mestiers — es ist Bedürfniss — würde man ebenfalls im Nfz. den Conj. erwarten. Indessen finden wir v. 1677 den Indic.: Mes ce m'i a molt grant mestier Qu'il m'i lest dormir en estant. In der verneinenden Form tritt bei obigen Sätzen wieder der Conj. ein. v. 583: n'est pas biens que j'oubli (hier haben Ind. und Conj. dieselbe Form). Nach superlativischen Adjectiven, welche durch den Nebensatz eine nähere Bestimmung erfahren, finden wir nach der heutigen Regel zweimal den Conj., einmal den Indic. V. 18: la plus belle, ke soit nee; I. 7: la plus belle pens, c'ains veissent mi eul. Dagegen V. 11: li plux biaus jors ki'est d'esteit. — Zu beachten dass nach mes que in der Bedeutung von pourvu que der Conj. steht. v. 2485: Mes que il facent lor esploit. In der Bedeutung von excepté que hat es den Indicativ nach sich. v. 1627: Mes qu'il ne sont d'une semblance. Im Uebrigen herrscht mit dem Nfz. Uebereinstimmung.

v. 686. *Il valent pis Assez que ne font li paien.* Dass ein im ersten Satze ausgesprochenes Verbum im zweiten durch faire als verb. vicarium vertreten wird, kommt nicht selten vor. v. 718: Cheoir devons et remuer Ainsinc com les estoiles font; v. 1416: Lez et burres Assez plus grant chalor atrait A luxure que chars ne fait; VI. 31: Del baisier me remembre si ke je fix en m'anfunte. Cfr. *La Pass. du Chr.* 49, 34: Jhesus li bons los reswardet lui recognostre et semper fit; v. 2060: Plus conqierent, se Dex me voie, Que celes autres genz ne font. *Chev. au L.* v. 83: Mes par deu, Sire, nel feismes; ibid. v. 3189: Les fesoit venir a merci Com fet li faucons le cerceles. Hier tritt faire zugleich in die Construction des vertretenen

Verbums. Auch dem Mhd. ist solche Ausdrucksweise nicht fremd. Cfr. Iwein v. 1378: wande si sins tôdes gerten, alsam der wolf der schâfe tuot; ibid. v. 1419: im hete diu minne einen muot gegeben, als si manegem tuot. — Bloss durch das Hülfszeitwort estre vertreten findet sich das Zeitwort des ersten Satzes v. 1614: Nuns ne les peust miex destruire Si com il meismes se sont.
v. 708. *L'avoir enportent li Legat.* Hier steht das Obj. vor dem Subj., eine Wortstellung, die dem Afz. um so geläufiger ist, als die flexivische Unterscheidung des Accs. vom Nom. eine Zweideutigkeit des Sinnes nicht aufkommen lässt. Weitere Belegstellen, an denen unsere Lecture überreich ist, brauchen nicht erst aufgeführt zu werden. Vielmehr mögen hier einige Punkte Erwähnung finden, aus denen erhellt, wie ungleich freier die Wortstellung der alten Sprache gegenüber der modernen sich gestaltet. I. Das unmittelbare Object des Zeitworts tritt vor Praedicat und Subject. (S. oben). Das Object kann auch ein mehrgliedriges sein. Chauciees, hospitax ne ponz n'en font il pas 683. II. Stellung des Obj. zwischen Subj. und Praed. Qui les autres ont avuglez 707. Qui entendue et creance ont 17. III. Auch ein entfernteres Object kann an die Spitze des Satzes treten. Des barons cuit je estre certeins 233. Celui qui le despent est il. Sogar ein possess. Genit. kann unmittelbar vor das Nomen treten, von dem er abhängt. Et de Moucon liquens Renauz 329. De tel dete li rendeor 2209. Saint Benooit la droite ligne 1391. IV. Das Praedicat, sei es ein Adject., Subst., oder Verbum wird zur Hervorhebung seines Begriffes gern an die Spitze des Satzes gestellt. Riche ne sont il pas 514. Clers devroit il estre 1901. Mestre cocon et marcheant Sont il certes 1246. Promis ont hospitalite 1836. N'est pas amans cil ki II. 22. V. Das Hülfszeitwort wird vom Part. eines Verbums durch andere Satzglieder getrennt. Quant l'aguille s'est vers li jointe 727. Ja ne vous ai Baron nomme 492.

Zu beachten auch die Umstellung von Hülfszeitwort und Part. v. 958: Dont tuit cil fors gitez seront. VI. Intensiva und andere Adverbia der Zeit können unmittelbar hinter das Subj. vor Hülfszeitwort oder verb. simplex treten. Das Subj. kann auch ein Pron. pers. sein, was nfz. ganz unmöglich ist. S'est huevre qui tost ront 1895. Se il ainsinc l'autre siecle ont 949. Qant premiers resgairdai son gent cors I. 8. Qant il as bons ne se conseille 742. VII. Intensiva und Quantitätsadverbia wie si, tant, trop, molt brauchen nicht unmittelbar vor dem Nomen oder Adject. zu stehen, mit dem sie begrifflich verbunden sind. Il aura si le ventre mol 2637. N'est gent qui tant sacbe de guile 576. Trop fussent il de grant tesmoing 351. Dont tant seux desirous II. 20. Por i a tant li siecles mis 1905. Qui si sont pris et si lie 963. So verhält es sich auch bisweilen mit tout. Touz en va par guelo - Li avoirs 1978. Toz lor les les boz et les plans 1315. Noch einige besondere Eigenthümlichkeiten der Wortstellung: Il resemblent lo buretel, Selonc l'Escripture devine qui giete = qui Selonc l'E. 2323. Celui (im Sinne eines Dativ) qui quiert molt bien sa dete Molt est fox qui trop s'i endete 1838. Qui viennent ca tuit alume Et de covoitise embrase = alume et embrase de covoitise 668. Zu beachten auch die einschaltende Stellung von autrui, cui, bei denen noch die alte genitiv. Beziehung gewahrt ist. Cfr. v. 1308, 2349, 1954, und die Anmerkung zu v. 381. VIII. Bezüglich der Umstellung des Subj. und Praed. (Inversion) gestattet sich unser Dichter den grössten Spielraum. Jede praedicative, praepositionale und adverbiale Satzbestimmung hat Inversion des Subj. zur Folge, mag dasselbe ein persönliches Fürwort oder Hauptwort sein. Auf jeder Seite der B. begegnen uns zahlreiche Beispiele. v. 735. *Li bons veoirs la gent avoie.* Jeder Infinitiv kann im Afz. substantivirt werden und fasst dann als solcher nicht nur den Begriff eines nomen actionis, sondern auch zuweilen den eines concreten Gegenstandes in sich. In diesem Falle tritt er vollständig in die Rechte eines Subst. ein und kann demgemäss mit dem Artikel oder einem anderen Bestimmungswort gebraucht werden. (*Diez* III. 196. *Mätzner* Gr. 241). Cfr. v. 864: Lor tolt le veoir et l'oir; 2110: acomplir voloir de feme; De lor avoir (concret: die Habe, der Besitz) 2119; uns dous espoirs II. 8; mon boen espoir IV. 23; mes fols penseirs III. 10. Malades qui son mengier pert 1402. Des bons mangiers 1277 (in beiden Fällen concret: das was gegessen wird, die Speise). Du boire (Trank) au bues 1687. Auch Adverbia können diesen Infinitiv begleiten. So III. 36: En loiaulment ameir. Bei *Diez* III. 198 findet sich eine Stelle aus Brut II. 84: Son sagement parler, son largemant doner.

v. 924. *La sont corone et Seignor Tuit li plus mestre guileor.* Diese Eigenthümlichkeit des Afz., substantivische Begriffe wie Adjectiva durch Comparativadverbia zu steigern, findet sich bei Guiot noch öftern. So v. 1942: Mes il sont Tuit li plus mestre guileor. Zu beachten, dass das Pronomen tout vor dem Superlativ den höchsten Grad der Steigerung bezeichnet, dem deutschen aller- entsprechend. *Chev. au L.* 614: tot le pis, que ele set — das Allerschlimmste, was sie weiss; B. G. v. 2547: Li plus mestre sont molt changie. Cfr. *L'atre Perillous* 5, 1: Je veul demain boutelliere estre De vostre coupe la plus mestre. *Diez* III. 14 führt aus Marot an: Le plus roi qui fut onc couronne. Aus *Lafontaine* F. III. 1: Le plus âne des trois n'est pas celui qu'on pense. Auch andere Intensiva wie molt und si sind im Stande, Substantiva zu steigern. v. 2066: Molt sont marcheant et cocon; v. 2325: De le temps nostre pere Adan Ne furent amonesteor Ne si fax, ne si traitor.

v. 942. *Certes nule genz en Eglise ne font plus honore servise.* Unser Dichter gebraucht oft das Verb. im

Plur. nach gent im Sing. Es findet hier also weniger eine grammatische Auffassung, als eine constructio ad sensum statt. So v. 948: genz plus aaise ne sont; v. 1498: Que genz trop grant presse lor facent; v. 2713: Las, que de gent en itel guise se perdent; V. 38: Se font la gent mal parliere. Cfr. *Wace* Nichol. 350: La gent qui en Deu ne creeient; ibid. 614: Et l'autre gent grant doel fesoient. Auch ein Relativpron., von gent im Sing. abhängig, hat das Verb. im Plur. nach sich. v. 680: trop voi desesperer la gent Qui font de l'or et de l'argent. — Eine solche logische Auffassung erklärt auch Fälle wie die sqq. v. 2452: Dont je revoi maint biau vessel qui sont et cler et net et bel; qui im Sing. collectiv v. 2541: Qui bien set mentir et guiler, tout ont trove etc. v. 2002: Quant om a un vilain deffaiz etc., en la meson sont bien venu. Hier kommt noch die Anakoluthie des Satzbaus hinzu. Eine mehr grammatische Auffassung zeigt sich wieder v. 1201: Li plus dou siecle mal se prove. Einmal steht das Praedic. im Sing. zu einem Subj. im Plur. v. 933: Molt sont noble, molt font le riche (:chiche).

v. 1088. *Et por ce les vont remuant Que il ne deviegnent puant.* Das Eigenthümliche des Verb. aller in seiner Verbindung mit dem Gerundium liegt darin, dass es im Afz. seine Bedeutung »gehen« verliert und nur das Verharren, den Zustand einer Thätigkeit bezeichnet. So noch IV. 40: maix ma joie me vait moult deleant. Cfr. *Rom. de Rou.* B. C. 97, 24: poi et poi vont Norman fuiant et li Englois les vont sivant. In diesen Fällen kommt der Gebrauch von aller mit dem Gerund. dem Begriffe der Gegenwart sehr nahe. Cfr. noch *L'atre Perill.* 1, 10: Que li rois s'aloit deduisant; *Chev. au L.* 175: Aloie querant aventures. *La Pass. du Chr.* 65, 1, 2: Femnes lui van destras seguen Ploran lo van et gaimentan. Im Nfz. ist diese Construction auf den Fall beschränkt, wo die Thätigkeit, welche durch das Gérondif ausgedrückt wird, erst allmählich zur Vollendung gelangt, namentlich bei verbis der Steigerung und Verminderung. (S. *Mätzner* Gr. 487).

v. 1374. *Ne nous nes amerions pas Outre le terme laborer.* Hier ein unverkennbares Beispiel des lat. Accs. cum Infinitiv. Austatt dass Subj. und Praedic., welche in dem abhängigen Gedanken enthalten sind, in einem Nebensatze als solche erscheinen, wird das Subj. durch eine Art Attraction Obj. des Hauptverbums und das Praed. tritt in die Form des Infinit. als eine vom Hauptverb. mitregierte Apposition des Objects. (Cfr. *Mätzner* Gr. 473). *Diez* III. 227 führt aus der Literatur des 15. und 16. Jahrhunderts noch andere Beispiele an. Aus Comines (p. p. Petitot) 372: Estimant la gloire estre sienne. Aus Marot (ed. la Haye 1731. 3.) II. 334: Je la soutiendrai estre telle. Im Nfz. ist diese Construction noch im Gebrauch, wenn das Subj. des Nebensatzes ein Relativpron. ist. (S. die Beispiele bei *Ploetz* Grammaire 212). Bei *Lessing* finden wir ähnliche Constructionen. Cfr. Laokoon vol. V. 101: Auch das ist unstreitig, dass eben hierin, wo ein Halbkenner den Künstler unter der Natur geblieben zu sein urtheilen dürfte etc. Cfr. noch v. 45 der B. G., wo es heisst: Des Philosophes anciens Voldrai ceste Bible florir. Wahrscheinlich haben wir es hier wieder mit einem Accs. cum Infinit. zu thun, wenn nicht etwa florir, wie *Méon* erklärt (s. Glossar.) ausnahmsweise in activer Bedeutung (= beblümen) genommen werden soll. Umgekehrt kommt der Fall vor, dass das Obj. des Hauptsatzes durch Attraction als Subj. in einen folgenden praepositionalen Infinitivsatz gezogen wird. Das zu ersterem gehörige Praedicat tritt dann ebenfalls in der Form des Nom. zum Infinit. v. 1543: Se font bien laver et pingnier Lor barbes et enveloper Por estre beles et luisanz — damit sie (die Bärte) schön und glänzend aussehen; beles et luisanz ist Nomin., auf barbes bezogen. Man erwartet bei der Verschiedenartigkeit des Subj. im Haupt- und Nebensatze anstatt des praepos. Infinitivs mit por eine aufgelöste Construction wie por que fussent etc. Dasselbe ist v. 2008 der Fall: Avant les font laver etc. — Por roigir et por raancler. Man hat aus dem Obj. des Hauptsatzes les das Subj. zu roigir und raancler herauszunehmen; v. 250: Li grant pales dont je sospir Qui furent fait por Cors tenir, was nfz. auch nicht unerhört ist. v. 1417. *Por Deu lor pri que il amendent.* Die Verba des Bittens, Forderns, Fragens haben den Accs. der Sache, den Dat. der Person. Dazu gehört auch prier, welches nfz. mit dem Accs. der Person construirt wird. Cfr. v. 1760: Por Deu lor pri. So auch requerre 1505: Molt est fox qui lor requiert el; v. 1560: Li Priors au Mestre demande. Bei dem ausgedehnten Gebrauch des Afz., persönliche Substantiva nach jedem beliebigen Verbalbegriffe des Dativzeichens entbehren zu lassen, ist es natürlich, dass wir dieselben Verba auch den Accs. der Person regieren sehen, namentlich da wo kein sächliches Subst. noch hinzukommt; v. 2086: Saint Antoine doit en prisier et bien requerre; IV. 37: Maix nulle riens lou comte ne demant u. a.

v. 1426. *Tant sai ge bien, se g'i estoie Le premier jor congie denroie* für tant sai ge bien que, se etc. Diese Unterdrückung der Conjunction que nach verbis sentiendi und declarandi ist afz. nicht ungewöhnlich (*Diez* III. 312.) In unserem Gedichte finden sich hierzu noch folgende Fälle: v. 2283: Sachiez [que] nestre Sires li huevre Grant partie etc.; v. 1762: Ce sachent il, que tuit le dient, [Que] En aus doit estre humilitez; I. 38: Di li, ke je li mans [Que] cuer et cors li otroi. Ein ebenso gewöhnlicher Sprachgebrauch ist es, wenn das Verb. des Hauptsatzes als Parenthese in den Nebensatz tritt, so dass ein einziger selbstständiger Satz entsteht. In diesem Falle fiel das Fügewort que schon von selbst fort. v. 526: Cuident, espoir, que Dex ne voie; v. 288: Li siecles sachiez voirement Faura; v. 436: James ce cuit tel ne seront. Iu Wunschsätzen wird das que beim Conjunctiv fast stets weggelassen. v. 1292: Dex me confonde; v. 1356: ne me die nus; v.4 1761: se sachent il; v. 1785: Or lor doint Dex tenir la droite voie. Aber auch im Wirkungssatze nach intensiven Adverbien wie si und tant, entsprechend dem lat. ut consecutivum, wurde que nicht selten unterdrückt. v. 2311: Nos parolent si en parfont, [Que] Chascuns semble Diogenes; v. 2579: Et lor paroles si enpostes [Que] N'i a se vilonnie non; v. 1905: Por i a tant li siecles mis [Que] Bien fu assis et devisez. So auch an der Spitze von Causalsätzen nach por ce und por quoi; v. 690: Por ce [qu'] est li domaiges granz Molt par deust estre doutanz; v. 1572: Por qoi de l'or et de l'argent Estoient scisi. Einmal nach fors unterdrückt IV 38: Fors por s'amor et por sa dame chans. Auch als Zeitpartikel wird que weggelassen, v. 1186: Or seroient eles noveles Que lonc tens a je nes i vi. Noch ist eines Falles zu gedenken, wo die Auslassung der Conjunct. que neben der vergleichenden Partikel que eintritt, an der Spitze eines von einem Comparativ abhängigen Satzes, entsprechend dem lat. quam ut (mlt. quam quod). v. 2611: Ainz fusse je pris et batuz Que Fisicien me gardassent = que que Fis. me gardassent. Jedenfalls ist hier nicht das que der Vergleichung, sondern die Conjunction que zu suppliren, deren Wegfall durch die Analogie obiger Fälle wahrscheinlich gemacht wird, zumal da in dem Conjunctiv schon das abhängige Verhältniss ausgedrückt ist. So noch v. 2138: Je sauroie eincois dou soleil tout l'estre Que j'en peusse conoistre une. Cfr. Nichol. von *Wace* v. 1247: Mielz vousissent morir lor vuel Qu' il veissent lor enfant mort. — *Chev. au L.* v. 144: Einz me leissasse un des danz traire. Que je huimes rien lor contasse. — Umgekehrt findet sich que auch pleonastisch gebraucht. v. 1669: Il me promis trent sans mentir, Que quant je voldroie dormir, Que il me covenroit veillier; v. 2161: N'est ele mie si coarde Que por paor, ne por menace, Que ele tel tresgiet ne face. Auch pleonastisch nach einem unterdrückten Verb. declarandi, welches aus einem vorhergehenden hypothetischen Satze zu supplieren ist. v. 971: Et s'ei bien oi et taaste Qas Juis prestent lor deniers.

v. 1582. *Un blans Chanoines ra en France.* Der Gebrauch, den sogen. unbestimmten Artikel in Begleitung eines Nomens im Plur. auftreten zu lassen, findet sich nur im Afz.; der neuern Sprache ist er verloren gegangen. Man pflegte ihn vornehmlich zu solchen Wörtern zu setzen, die nur in der Mehrzahl üblich waren, also einen collectiven Sinn hatten oder eine zusammengehörige Zweiheit von Dingen bezeichneten. (*Mätzner* Gr. 158. *Dies* III. 19.) So sagte man unes armes, uns souliers, uns essarz, unes gens. (Cfr. Chev. au L. 277, bei *Burguy* Gr. I. 62: Benooit Chron. 5123—25. Rom. de la Viol. 1789). Auch das Mhd. kennt solche Ausdrucksweise, nicht nur in pronominalem sondern auch numeralem Sinne. Iwein v. 31—33: Ez het der künec Artûs Ze Karidôl in sîn hûs zeinen pfingesten geleit; ibid. v. 3359: er lief nû nacket beider der sinne unde der cleider, unz in zeiucu stunden etc.

v. 1733. *Ja li Templier ne perdront oeuvre; Vaillant sont, se Dex me sequeure.* Die Conjunct. se (aus lat. si, nicht aus sic [*Dietz* III. 327]) wird häufig bei Betheuerungen und Schwüren gebraucht und hat dann stets den Conjunctiv nach sich. v. 906: Se Dex m'ait; v. 689: Se nostre Sire me regart; v. 1379: Se Jhesucriz mc done vie; v. 2059: Le Dex me voie; v. 17: Se me doiust deus joie et santeit; Cfr. Chans. de Rol. I. 579: Bel Sire Guenes, se Deus vus beneie — so wahr euch Gott segne, eigentlich, wenn ihr wollt, dass Gott euch segue; Chaus. de Geste von Aubery 8, 6; S'anes grant tort, si ait m'ame pardou.

v. 1741. *Ja n'i seroie mors ne pris.* Morir im transitiven Sinne = tuer, donner la mort kommt in der alten Sprache nicht selten vor. Cfr. Chev. au L. 2742: Mes Sire Yvains la dame a morte Qu'ele cuidoit, qu'il li gardast; Chans. de Rol. III. 246: Cels qu'il unt mort ben les poev hom preiser. So findet sich auch montir in transitiver Bedeutung = belügen v. 2625: Do Diadoro Julii ont il maint prodome menti; florir in der Bedeutung »beblümen« v. 47: Des philosophes anciens voldrai ceste Bible florir. Umgekehrt findet sich plaindre in intrausitiver und reflexiver Bedeutung, was nfz. nur transitiv gebraucht wird. III. 33: Dont tant m'ot plaindre.

v. 1973. *Il a bien en lor hospital Quinze tex Convers gros et gras, N'i a celui n'ait cinq cens mars.* Hier die Unterdrückung des Relativums nach einem verneinenden Hauptsatze. Belegstellen dafür finden sich noch Partenop. de Blois v. 2309: (Du Cange VII. unter acointier) En France n'a bon cavalier Ne viengne a lui par acointier; Blancandr. 2599 (s. die lexical. Anm. zu Chans. de Geste von Aubery ed. Tobler unter tant): Et li lieus fut tant precieus Que nus n'i vient si grant mal ait, De tot malages sante n'ait.

v. 2150. *Je reserai por fox tenus.* Dieser dem Afz. nicht ungeläufige aber doch auffallende Sprachgebrauch, das von einer Praep. abhängige praedicative Adject. in den Nominativ zu setzen, bei Verbis, welche ein »gehalten werden für etwas« ausdrücken, kommt auch sonst bei G. vor. v. 244: Et cil sont tuit por fol tenu für por fox tenu. Cfr. *Chev. au L.* 475: Que je m'an dui por fos tenir. Auch bei se faire sich machen zu etwas, finden wir das davon abhängige praedicative Nomen im Nominat. statt im Accs. v. 2545: Tiex mil se font Fisicien für Fisiciens. Cfr. *Chev. au L.* 872: S'il s'anfoi, n'a mie tort Q'il se sauti navrez a mort. Dieselbe Erscheinung liegt vor, wenn wir nach avoir nom den Nominat. für den Accs. finden, gleichsam als ob der Name selber Praedicat wäre zu einem verb. passiv. wie »être apelé, nominari«. v. 1138, 39: La premiere a non Charitez Et la seconde Voritez; v. 1149: La premiere a nom Traisons etc. Ueber den Grund dieser weniger grammat. als logischen Auffassung cfr. die Anmerk. zu dem echten Ring ed. von Tobler unter v. 147 p. 26.

v. 2236. *Qu'ele en ot isnele merite.* Solche Abweichungen des Afz. vom Nfz. hinsichtlich des Geschlechts der Substantiva, sind nicht selten. *Burguy* II. 131 führt für das weibliche Geschlecht von merite ff. Stellen an: Rom. de Mahom. v. 1036: Qui est hom de haute merite. Ibid. II. 205: Benooit 3600: Qui solum le fait rent la merite. So wird auch amor, abweichend vom Nfz. bei Guiot fast stets weiblich gebraucht. Cfr. Chans. II. 19, V. 20, II. 1. Als mscl. VI. 15. Als Fem. finden wir es übrigens noch bei *Lafontaine* F. VIII. 22: Que seul entre les tiens par amour singuliere. Auch bei *Racine*, Iphig. II. 1: Et que ma folle amour a trop des honorés. — Auch honor ist afz. stets weiblich. v. 150: Je ne voldroie estre blasmez Des Dames; sauves les ennors. Cfr. *Wace* Nich. 639: Un ercevesque i ont pose En cele honor. Dem Nfz. entsprechend wird huile weiblich gebraucht. v. 2017 (Var.): Si l'oille fu bien cuite ou faite. In der Regel ist es männlichen Geschlechts. *Wace* Nich. 645: L'oilles a decorre cessa. Ordre, was nfz. Mscl. ist, finden wir mit wenigen Ausnahmen als Fem. Cfr. v. 18, 1323 etc.

IV. 10. *J'ain celle rien ki n'ait de moi merci.* Riens in der Bedeutung von »Wesen«, von Personen gebraucht, ist namentlich in der afz. Lyrik gebräuchlich. Cfr. Chans. XI. bei *Wackernagel*, Strophe 4, pag. 20: Douce amie debonaire riens. Ibid. p. 44 (Chans. XXVI.): c'ains de mes euls si belle rien ne vi. Ch. au L. 1144: Vint une des plus beles dames, c'onques veist riens terriene.

E. Metrik.

In seiner Bible hat Guiot dasjenige **Versmaass** angewendet, welches uns in der afz. Literatur, zumal auf dem Gebiete der epischen Kunstpoesie am häufigsten begegnet, achtsilbige Verszeilen mit unmittelbar gebundenen Reimen. Der Vers wird auch dann achtsilbig genannt, wenn auf die achte Silbe noch eine neunte mit einem tonlosen e folgt (weiblicher Versschluss). Während die achte Silbe stets den Ton tragen muss, können an allen andern Stellen des Verses willkürlich betonte und unbetonte Silben stehen. Eine beständige Abwechselung von Hebung und Senkung wie das Deutsche, kennt das Französische nicht. Die Verse unseres Dichters reimen paarweise, die Versschlüsse können abwechselnd männlich oder weiblich sein. Nur einmal finden sich ausnahmsweise drei Reime hintereinander (v. 109—111), von denen der letzte, weil er v. 109 fast wörtlich wiederholt, als überflüssig zu streichen ist.

Was die Form der uns unter dem Namen Guiot's überlieferten Lieder betrifft, so zeigen dieselben in Strophenbau und Verslänge je eine verschiedene Gestalt. Gehen wir sie der Reihe nach durch.

Nr. I. besteht aus je 6 Strophen von je 7 Versen, die sechssilbig sind. Er reimt ababbab. Das System des Strophenbaues ist einfach. Die verschiedenen Verse correspondiren nicht miteinander durch Reimverbindung. Die Reime sind männlich. In Strophe 4 finden sich Assonanzen, wie sie sonst Eigenthum des Volksliedes sind. Die letzte Strophe des Liedes bildet das sogenannte Geleite, welches ganz gegen den sonstigen Gebrauch der afz. Lyrik und gegen das Reimsystem der provenzalischen Muster den übrigen Strophen an Verszahl gleich gebildet ist. (cfr. *Wackernagel* afz. Lieder und Leiche p. 175).

Nr. II. Fünf Strophen zu je 7 Versen mit lauter Zehnsilbern. Es reimt ababbcc. Der Strophenbau ist dreittheilig, ebenso wie der Bau des ganzen Liedes. Die drei letzten Verse jeder Strophe bilden zu den vier ersten, welche die beiden Stollen repräsentiren, den s. g. Abgesang, der Art, dass die Anfangszeile des letzteren mit der Schlusszeile jener durch den Reim gebunden ist. Was die Reimstellung der Strophen betrifft, so ist sie eine derartige, dass wie die 1. Strophe gereimt ist, so die übrigen 4 an den correspondirenden Stellen denselben Reim wiederholen. Zwei-

mal (in dem Anfangsreimpaar der 4. und 5. Strophe) wird
der Einklang durch abweichende Reime unterbrochen. Die
Verse 2, 5, 6 reimen weiblich, die übrigen männlich.
Nr. III. Ein Dizain von 5 Strophen mit dreitheiligem Bau des Liedes (2 + 2 + 1). Es reimt abcab
ccbcc. Die Reime sind männlich und weiblich. a und
b tragen den weiblichen Versschluss. Strophe 1 und 2,
3 und 4 correspondiren je miteinander. Die 5. Strophe,
eine Art Geleite, steht für sich. In der 1. und 5. Strophe
fehlt der 7. Vers.
Nr. IV. Ein Huitain mit lauter Zehnsilblern, aus
5 Strophen bestehend. Es reimt ababbbab. Wie das
vorige ist auch dieses Lied dreitheilig. Je zwei Strophen
werden durch entsprechende Reimverbindung hervorgehoben,
die letzte bildet das Geleite. Zu beachten, dass der Schluss
des ersten Strophenbaues mit dem Anfang des zweiten, der
Schluss des zweiten mit dem Beginn des Geleites durch
Wortaufnahme und Reimanklang verbunden sind. Der 1.
Strophenbau sowie das Geleite haben durchweg männliche
Versschlüsse, bei dem 2. kommt auf a je ein männlicher,
auf b je ein weiblicher Versschluss. Die Reime in der 2.
Strophe sind nicht ganz sorgfältig. Ueber die Emendation
s. *Wackernagel* p. 123.
Nr. V. Ein Huitain, aus 5 Strophen bestehend,
mit Acht- und Siebensilblern. Letztere (2, 4, 6, 8) haben
am Schlusse noch eine tonlose Silbe und unterscheiden sich
von den Achtsilblern durch einen trochäischen Rythmus,
während jene (1, 3, 5, 7) einen jambischen Tonfall haben.
Es reimt ababab. Der Bau des Liedes ist ausnahmsweise zweitheilig (3 + 2).
Nr. VI. Ein Dizain aus 5 Strophen wie Nr. III.
Die Strophe bietet ein reichere Abwechselung als die der
vorigen Lieder. Vers 1, 3, 7, 8, 10 sind Achtsilbler mit
demselben Reimschluss, 2, 4, 9 haben je 6 Silben mit weiblichem Versausgang, 5 und 6 endlich bestehen nur aus 4

Silben mit männlichem Reim, aber mit trochäischem Rythmus. Es reimt ab ab aa aa ba. Der Bau ist wie bei III. und IV. dreitheilig (2 + 2 + 1). — Wenn wir die Reime dieses Dichters mit denen der modernen Sprache vergleichen, so lässt sich mit Rücksicht auf die dabei obwaltenden Gesetze eine grosse Uebereinstimmung auf beiden Seiten nicht verkennen. Indessen ist das Nfz. in manchen Punkten strenger. So dürfen z. B. in der modernen Dichtung zwei Wörter, deren betonter Vokal mit dem, was dahinter steht, für das Ohr dasselbe Lautganze darstellt, nicht mit einander reimen, wenn dieselben im Falle der Bindung eine abweichende Aussprache erführen. Ein Reim, wie in Chans. I. 36: uai t'en mit mant und Tristant wäre nfz. nicht möglich, ebensowenig wie Ch. IV. 14, wo s'esioist (st stumm) mit merci und deserui durch den Reim gebunden ist. Eine weitere Beschränkung hat sich die nfz. Sprache auferlegt dadurch dass sie Wörter auf é, er, a, i, ant, ent nur dann mit einander reimen lässt, wenn die dem betonten Vocale vorangehenden Consonanten übereinstimmen, was afz. nicht nöthig ist. So sehen wir v. 550: mirer mit alumer, I. 25 proueir mit ploreir, v. 2092 guilé mit prové reimen, was die moderne Metrik nicht gestattet. Auf der andern Seite hat das Afz. vor dem Nfz. den Vorzug, dass es in seinem Bestreben nach phonetischer Schreibweise seine Reime sich viel mehr dem Auge anschmiegen lässt, als das Nfz. Moderne Reime wie temps : gens, noeuds : voeux, faut : chaud lässt das Afz. auch für das Auge reimen und setzt chaut : faut, tens : gens u s. w., indem es die Muta vor flexivischem s unterdrückt und für die auslautende Media die Tenuis setzt.

Aus demselben phonetischen Principe hinwiederum und den daraus folgenden Schwankungen in der graphischen Bezeichnung irgend eines Lautes erklärt es sich, dass oftmals die Reime unsres Dichters, wenn auch das Ohr, doch nicht das Auge befriedigen.

So gilt ihm z. B. das nasale a n (lat. an) und e n (lat. en) im Reime völlig gleich. Er reimt asanz mit genz 586, commandemenz : enfanz 660, chierement : enfant 1116, guilant : tolent 2026, bren : Adan 2325, commandent : amendent 1556 etc.

Ebenso werden a i, e i und e beliebig für einander substituiert. vilain : grein 144, Aquitaine : Vienne 344 (nn hat nur graphische Bedeutung, um zu bezeichnen, dass der Laut e ein offener ist), apleignent : plaingnent 1548, vileinne : graine 1040, maistre : estre 2299, moffet : deffait 2002, contraiz : feiz 1948. Auch ein etymologisch berechtigtes o i kann mit a i reimen, mit welchem es unser Dichter gleichbedeutend gebraucht. So reimt amoine : certaine III. 10, welches nie certoine lautete (cfr. III. 4 wo desmainne mit premerainme reimt).

Einmal reimt a i n, welchem ein ursprüngliches e i n zu Grunde liegt, mit i n : raince : prince 2417.

Zuweilen reimt a i g e mit a g e. Doch hat das i nur einen graphischen Charakter, domages : otraiges 200. Ebenso verhält es sich mit Champagne : Bretaigne 325 (Var.)

Oefters reimt hinter dem betonten Vocal ein einfacher Consonant mit einem doppelten: Egipcienne : Elene 2248, donnent : sermonent 1398, Estienne : Brene 466, troffe : Philosofe 71, guile : Mandeville 388, amoine : certainne III. 10.

n m steht für n n : premerainme : desmainne III. 1, n m = m m : sonmes : hommes 1248.

Nasaliertes m nnd n vertauscht: Jerusalem : sen 1794, nom : reson 1809.

a x reimt mit a u x (x conventionell für us, ux gebraucht): saux : fax 2428, Clervaux : max 1202.

o e i l reimt mit e i l, mit dem es denselben Laut hat: oeil : Salveil 772, u e i l ebenso mit u e l : orgueil : vuel 1786.

Zu beachten einige Reime auf ise, in denen ein scharfes s (graphische Schreibung für palatales ç) mit einem sanften s reimt, was nfz. nicht angeht. So jostises : guises

872, Eglise : servise 1308. — s und z begegnen sich nicht selten im Reime. loeis 2465 : periz, paix : jadis VI. 5. Noch ist ein Punkt zu beachten, den Guiot streng beachtet. Er lässt nämlich Wörter auf ier und ié, bei denen das i erst durch den lautlichen Einfluss eines vorangegangenen Zischlautes ch, g oder Sibilanten c, s, ss u. s. w. oder durch Attraction in die Endung getreten ist, niemals mit solchen auf er, é, sondern mit solchen gleicher Endung reimen. So finden wir nur Reime wie veillier : mengier 1670, geuner : parler 1672, pechie : changie 920, destorbier (subst.) : deloier : conseillier IV. 25. Solche Reime wie oblie : ame 2121, oblie : bestorno 1815, crie : blasme 1748 könnten danach weniger genau erscheinen. Indess wird in oblier und crier, in welchem nach dem stammhaften i eine Dentalis ausgefallen, nicht der Vorschlag eines i vor er gehört. Es stand also dem Reim mit er nichts im Wege. V. 860 begegnen sich lier : pechier im Reime. In lier ist das i ebenfalls stammhaft; indess ist hier die ursprüngliche Gutturalis mit dem stammhaften i zu einem doppelten i verschlungen worden, so dass das Wort = liier zu sprechen ist. V. 1120 reimt guiller mit atorner. Dies widerspricht der obigen Regel ebensowenig, denn das doppelte l in guiller (wofür sonst guiler) ist nicht moulliert zu sprechen.

Ueber die Mannigfaltigkeit des Reimes, soweit wir ihn bei Guiot überschauen, ist Folgendes zu bemerken.

Der einfache Reim ist selbstverständlich der am meisten vorkommende. Mit männlichem Versschluss begegnen wir unter andern: puet : muet 9, esperit : dit 24, plet : bret 39, reson : lyon 49, loy : foi 52, mirer : alumer 550. Mit weiblichem Versschluss: orrible : bible 1, gronde : monde 43, doingne : rooigne 206, avuglees : honorees 144, ordre : tordre 606 etc.

Dem reichen Reime begegnen wir an zahlreichen Stellen, ohne dass sich daraus ein bestimmtes Princip für dessen Anwendung aufstellen liesse: corone : esperone 416, Chasteldun : Verdun 460, Broies : Troies 468, voir : avoir 514, jugiez : chargiez 539, parler : celer 558, commencerai : dirai 560, gent : argent 680, resons : oroisons 768, devine : covine 986, testemoines : moines 1050, tume : costume 1920 etc.

Den leonymischen Reim hat der Dichter mit Vorliebe angewendet. voirement : amenuisement 406, Fonsigny : Flavigny 288, Oisi : choisi 410, avoient : l'avoient 624, avoir : savoir 700, Abaies : esbahies 1056, charitez : veritez 1138, deffait : meffait 2002, seront : feront 1832, qui sont : promis ont 1860, porrist : norrist 2344, porroient-il : amenderoient-il 107, commencement : definement 2584.

Nicht weniger häufig ist der Doppelreim. por qoi diurent : por qoi furent, eslit : escrit 494, me troble : me doble 620, a point : l'acoint 500, ne muet : se puet 632, devorent : demorent 676, n'en i ait : l'en i fait 1325, reculer : reguler 1638, lor facent : porchacent 1498, enverse : en Perse 1280, en die : envie 1425, reprent : repent 894, de poivre : decoivre 2052, ne tient : ne crient 2170, et musent : et usent 2424. —

Dass der Dichter unbedenklich das Simplex mit seinem Compositum reimt, beweisen folgende Stellen: tendent : entendent 610, aise : mesaise 1076, pas : compas 1392, coverte : descoverte 1466, cuevre : descuevre 1470, brun : Isanbrun 1618, faite : deffaite 1622, Evesque : Arcevesque 2020, deslois : lois 2446, prisier : mesprisier 2084.

Sehr häufig reimt ein Compositum mit einem andern. comande : demande 1418, descordent : acordent 1624, desconfortent : reconfortent 2646, Enverse : Converse 2154 u. a.

Dem rührenden Reime sind wir an folgenden Stellen begegnet: a. Wörter von gleichem Laute, aber verschiedener Herkunft. fin : fin 183, respondre : respondre 835, huevre : huevre 2283, point : point 737, cuit : cuit 1482, corz : corz 1046, cort : cort 246, pris : pris 1740, non : non 2580, fi : fi 2592, voie : voie 2690, esteit : esteit V. 9. — b. Wörter von gleichem Stamme aber verschiedenen Wortgattungen angehörend. huevre : huevre 136, forge : forge 183, faille : faille 221, bien : bien 1495, estre : estre 1512, voie : voie 1782, savoir : savoir 1592, point : point 1256, dure : dure 1400, avoir : avoir 1298. Aber auch die gleichen Reime, das heisst die Wiederkehr derselben Laute in derselben Bedeutung gestattet sich Guiot, was wir bei einem correcten höfischen Dichter wie Chrestiens nicht finden. point : point 1306, pas : pas 1372, Abbes : Abbes 1060, covent : covent 1688, croient : croient 1032, monde : monde 2255, conte : conte 459, gent : gent 69. —

Zum Schluss sind noch folgende unreine und assonierende Reime zu constatieren: loent : apeloient 55, Princes : crevices 174, alumer : Conde 386, Antoine : none 574, conte : cointe 459 (Var.), removent : tornent 630, Prious (für Priours) : anuious 1080, provoire : faire 1222, paroiches : cloches 1228, essouent : donent 1232, mormure : bruire 1380, oeuvre : sequeure 1732, gras : mars 1972, teche (für tesche) : seche 2569, put : batuz 2610, devenir : parler (hier wohl nur ein Druckfehler, deviner statt devenir zu lesen), biaulteit : estuet, desir : ploreir Chans. I. 4. Str., va t'en : mant : Tristan ibid. 6 Str., amai : si : menti Chans. IV. 1. Str., esioist : saixi : amin ibid. Str. 2.

Silbenmessung und Hiatus. Der Unterschied von der modernen Sprache ist in dieser Beziehung bedeutend. Nach moderner Silbenzählung würden die Verse das richtige Maass oft nicht haben, weil hier viele Wörter durch Synaerese und auf sonstigem Wege dem Afz. gegenüber von der ursprünglichen Zahl der Silben eine eingebüsst haben, während sie dort noch die richtige Anzahl besitzen. Man vergleiche Wörter wie eussent (3silbig), crestiens (3silbig), pacience (4silbig), esperit (3silbig), welche alle eine Silbe mehr zählen, als die entsprechenden modernen. — Dazu kommt noch ein anderes Princip der afz. Silbenzählung. Es zählt nämlich auch das tonlose (nfz. stumme o) als eine volle Silbe, sobald nicht Umstände eintreten, unter welchen es elidiert werden muss. Wir kommen hiermit zu der Frage betreffs des Hiatus, mit dem es unser Dichter folgendermaassen hält.

I. Zwischen tonlosem e am Ende des Worts und einem vocalisch anhebenden Worte muss Elision eintreten. Der Hiatus ist nur gestattet, wenn das mit tonlosem e ausgehende Wort von dem folgenden durch eine längere Pause getrennt ist. Man vergleiche v. 3, 6, 12, 17 etc. Dagegen v. 113: Ha douce France! ha Borgoingne! Hier eine Pause hinter dem Ausrufungszeichen. (Das h in ha ist stumm, weil es das lat. ai (*ai*) repräsentiert Cfr. *Burguy* Gr. II. 401). Vers 380: La outre, entre les Gascons, Revi etc. Denkt man sich entre les Gascons in Parenthese gestellt, so ist die Pause zwischen outre und entre lang genug, um den Hiatus zu rechtfertigen; v. 488: Certes molt bien 'le cherchera La Bible, et sera ois; v. 2417: Cil netoie l'aigue, et raince; v. 78: Mireors iert a toutes genz Ceste Bible; or ne argenz. In allen 3 Fällen ist die syntaktische Verbindung zwischen den im Hiatus stehenden Wörtern durch ein Komma oder Kolon gelockert, der Hiatus also gestattet.

II. Elision muss eintreten zwischen dem a des Fem. des Artikels und Personalpronomens la und des Fem. pron. poss. sa und einem vocalisch anhebenden Worte. Wir finden stets l'amors V. 31, l'esperance II. 30, l'airme V. 22. s'ire 605, s'euvre 724, s'amie 1976 etc.

III. Das i in li (best. Artikel und pron. pers. conj.,) wird nur vor en (man) elidiert (v. 687, 714, 759), sonst tritt es stets in Hiatus. Dreimal findet es sich vor Apostoles elidiert (v. 687, 714, 759). Ohne Beeinträchtigung des Versmaasses können wir li wiederherstellen, indem wir den afz. Lautgesetzen gemäss Apostoles zweisilbig (gleich Apostles) lesen.

IV. Ein Schwanken zwischen Hiatus und Elision, das wir übrigens auch bei Chrestien de Troyes bemerken, gibt sich bei den Wörtern que, ne (lat. ne), se (lat. si), ce, je kund. Wir finden que il 317 und q'il 623; je (gie) ai 427 und j'aim 1697; ce est 690 und c'avient 506; se il 1624 und s'il ont 1213; ne (lat. ne) findet sich nur dreimal im Hiatus: v. 136, 1510, 2047. Die 3. pers. sing. praes. ind. auf e tritt oft in Hiatus, oft auch nicht. v. 770: Rome nos suce et nos englot; dagegen v. 520: Molt assemble et pou esploite. Die Conjunct. und Prépos. jusque (lat. indeusque) tritt stets in Elision. Cfr. v. 334, 575, 1968.

Von diesen Principien der Silbenmessung ausgehend, sind wir auf eine Anzahl Verse gestossen, die nicht das richtige Maass haben. Wir wollen sie der Reihe nach durchgehen und versuchen, sie auf das richtige Metrum zurückzuführen.

v. 133. *Se dex m'ait, encore cuit - gie.* Der Vers um eine Silbe zu lang. Das tonlose e in encore zu streichen, da G. stets encor zweisilbig gebraucht.

v. 209. *En harpe, en viele et en gigue En devroit etc.* Die Unterdrückung der Copula et vor dem 2. Gliede ist unserm Dichter fremd. Dafür besser: En harpe et en viele etc., wodurch der Vers auf das richtige Maass kommt.

v. 406. *Et qui fu Henris de Fonsigney Qui furent cil de Flavigni!* Durch Streichung des Et, welches mit Rücksicht auf die vorhergehenden Verse überflüssig ist, wird der Vers richtig.

v. 415. *Estienes dou Mont - Saint - Iohan, Si puisse le issir de Lan, Fust dignes a une coronne.* v. 416, für welchen B eine unbefriedigende Variante giebt, ist sicher verderbt. Der Sinn ist wahrscheinlich der: Stephan von Mont-Saint-Jean, wenn der aus Lan (wo er begraben liegt) herausgehen könnte, wäre würdig, eine Krone zu tragen. Abgesehen von dem unerlaubten Hiatus, kann man auch an puisse als dem Tempus eines unwirklichen Bedingungssatzes Anstoss nehmen. Vielleicht ist zu lesen: Se il peust issir de Lan. Den Infinitiv als ein Substantiv zu fassen verbietet der Sinn.

v. 425. *Las je vi a Montpellier etc.* Fehlt eine Silbe. In B. heisst es: Lais, je refus a Montp., was nicht in den Sinn passt. Am leichtesten ist zu emendieren: Las je revi a Montp. Cfr. v. 380, 399, 435, 1792.

v. 439. *Molt vi prou le Conte Rotrou Dou Persche et prou et hardi.* Der zweite Vers um eine Silbe zu kurz. Das prou des 1. Verses ist jedenfalls durch ein Versehen des Schreibers noch einmal in v. 440 gekommen. Vielleicht hat dort ein Adjectiv wie cortois oder vaillant gestanden. Cfr. Ch. IV. 35: Si com il est frans et prous et cortois.

v. 562. *Et de autres verte dirai.* Ein Hiatus, den sich der Dichter nicht gestattet. Am bequemsten ist des für de zu emendieren: auch über die Anderen (Geistlichen) werde ich die Wahrheit reden, sobald ich mit den höheren fertig bin. Vielleicht auch verte dreisilbig zu lesen = verite, was in der Bible gleich häufig vorkommt.

v. 563. *De cui? par foi des Arcevesques Des Legats et des Evesques.* Fehlt eine Silbe. Am ungewagtesten erscheint es, ein Et an den Anfang des Verses zu setzen, wie auch mit Rücksicht auf die Analogie von v. 567, 572, 578 geboten scheint. Dieselbe Emendation ist v. 566 vorzunehmen: Et des Abbes et de noirs Moines, wo auch correcter de für des geschrieben wird.

v. 766. *Et ce voit en bien que Rome a Molt abessie nostre loi.* v. 767 um eine Silbe zu kurz, wenn abessie nach der Accentuation der beiden edd. dreisilbig gelesen wird. Nicht unwahrscheinlich ist es, dass abessie aus abessiee mit Verschlingung des ersteren e in i abgekürzt ist, also Fem. des Part., auf loi bezogen und deswegen viersilbig.

v. 971. *Et s'ei bien oi et taaste.* Um eine Silbe zu lang. Für taaste is taste zu lesen, wie v. 1709: Li Chevaliers qui ont le siecle asavore Et ont et veu et taste.

v. 1060. *Certes je ne voldroie estre Abbes.* Hier am besten das je zu streichen.

v. 1208. *Ypocrisie et murmuire.* Durch dieselbe Emendation wie v. 563, 566 kommt der Vers auf das richtige Maass.

v. 1391. *Saint Benoois (t) la droite ligne Fait la regle a droit compas.* Der letztere Vers um eine Silbe zu kurz. Für regle die dreisilbige Form reule zu setzen, welche an anderen Orten häufig vorkommt (S. Du Cange Gloss. 289, Serm. de St. B. *Bartsch* Col. 105 VII.) ist gewagt, da G. nur die zweisilbige Form regle gebraucht. Vielleicht könnte man, um den Hiatus zu vermeiden, die Prépos. a mit par vertauschen, die sich in Verbindung mit compas öfters findet. *Burguy* in s. Gloss. unter pas führt an: Et li Sarrasin tout le pas Les encaucoient par compas. Cfr. D. C. VII. 101: Or vont les dames a l'eglise Par grant' compas etc. Partenop. v. 10712.

v. 1524. *Cels d'Espeingne et de Gascoingne Metent en France et en Borgoingne.* Der erstere Vers um eine Silbe zu kurz, wenn nicht ein unerlaubter Hiatus eintreten soll. Am besten scheint es, ein or vor Anfang des Satzes zu supplieren mit Rücksicht auf die beiden vorhergehenden Verse, wo es heisst: Ainz ne s'i sorent si garder Ne si covrir ne si celer — »Früher wussten sie sich nicht zu verhüllen; jetzt aber versetzen sie u. s. w.« Ein or zur Hervorhebung des Gegensatzes ist durchaus nothwendig.

v. 2584. *Por ce a fi ou comencement.* Um den Hiatus auch für das Auge zu vermeiden, ist besser por c'a fi etc. zu setzen.